Nature
immanente du
samsara et du nirvana :
la claire lumière.
Le saint lama montre le mode
d'être : la claire lumière.
Puissent les fortunés qui pratiquent
le mahamoudra-claire lumière
Devenir bouddha dans le cœur de
l'eveil : la claire lumière.

Bokar Rimpotché

De nombreux termes couramment utilisés dans la tradition tibétaine ne sont pas expliqués dans le cours du texte. On en trouvera des définitions simples et claires dans notre

PETIT LEXIQUE CLAIRE LUMIÈRE DU BOUDDHISME TIBÉTAIN

(disponible en librairie ou par correspondance aux Editions Claire Lumière).

TCHÈNRÉZI
CLÉS POUR
LA MÉDITATION
DES DIVINITÉS

Les éditions Claire Lumière publient de nombreux ouvrages consacrés au bouddhisme.

Si vous souhaitez recevoir notre CATALOGUE et être tenu au courant de nos publications, il suffit de nous faire parvenir votre nom et votre adresse à l'adresse suivante:

Editions Claire Lumière
5 av. Camille Pelletan
13760 Saint Cannat

ISBN 2 905998-46-6

BOKAR RIMPOTCHÉ

TCHÈNRÉZI

CLÉS POUR LA MÉDITATION DES DIVINITÉS

INTRODUCTION ET TRADUCTION DU TIBÉTAIN :
FRANÇOIS JACQUEMART

Claire Lumière

SOMMAIRE

Présentation

Le bouddhisme est souvent représenté comme une tradition a-religieuse, que l'on classe volontiers dans le domaine de la métaphysique, de la philosophie ou de l'art de vivre. Dans cette perspective, le bouddhisme dit "tibétain" semble se situer en marge, et ce n'est pas sans une certaine méfiance qu'on regarde parfois son cortège de divinités (les *yidams*), les champs purs où elles résident et les récits d'apparence mythologique qui s'y rapportent.

Les Tibétains eux-mêmes ne voient pourtant dans ces divinités rien qui contredise le bouddhisme : étant donné qu'elles font partie du *vajrayana*, enseigné par le Bouddha, puis transmis secrètement en Inde avant de se répandre au Tibet, leur orthodoxie ne fait pour eux aucun doute, pas plus que leur parfait accord avec le reste de l'enseignement originel.

Il est vrai toutefois que les divinités peuvent être comprises à différents niveaux. Les Tibétains du peuple les conçoivent certainement comme des êtres supérieurs, demeurant dans des paradis et veillant sur le sort des humains qui les prient. Mais pour les maîtres du dharma, ce sont des expressions multiples d'un éveil unique, dont notre esprit n'est pas non plus séparé. Ce second point de vue correspond sans doute seul au bouddhisme au sens strict, mais le premier, en tant que “moyen habile” pour aider les êtres, n’est pas à rejeter pour autant.

Dans le premier chapitre de cet ouvrage, Bokar Rimpotché met fort clairement les choses au point, en décrivant la nature de Tchènrézi (Avalokita en sanscrit), la divinité la plus populaire du Tibet et la plus connue en Occident. Toutefois, pour bien suivre ses propos, il est important de comprendre les deux niveaux auxquels peuvent se situer les enseignements bouddhistes : celui de la *réalité-guide* et celui de la *réalité définitive*.

La réalité-guide désigne tout ce qui permet d’approcher la vérité ultime, sans pour autant l’exposer directement, en tenant compte des possibilités intellectuelles des individus et de leur configuration psychique. Certains degrés d’explication, les images, les “méthodes” de méditation, les aspects mythiques, etc., appartiennent à ce domaine.

La réalité définitive exprime au contraire directement la vérité ultime, comme le fait, par exemple, le *mahamoudra*.

Il faut bien voir toutefois que la réalité-guide n’est pas fausse par rapport à la réalité définitive ; elle est plutôt partielle, ou approchante, dotée d’une valeur pédagogique. Un peu comme, par rapport à la réalité qu’est le ciel, les différentes descriptions que peuvent en faire un peintre, un poète, un météorologue, un instituteur ou un astro-physicien, ne sont pas fausses, mais partielles. Le fait que le ciel soit une réalité plus vaste qu’aucune de ces descriptions et au-delà d’elles ne les invalide pas pour autant.

La réalité définitive et la réalité-guide ne se placent pas sur le plan de l’alternative et de l’exclusion. Il faut bien saisir le jeu subtil de leur rapport, qui n’est pas de nature contradictoire. On pourra comprendre seulement ainsi le lien entre l’esprit et la divinité.

Outre la question de la nature de la divinité, les Occidentaux se posent souvent celle du fonctionnement d’une méditation comme celle de Tchènrézi. Comment la visualisation d’une divinité et la récitation d’un *mantra* peuvent-elles agir sur l’esprit ? On trouvera dans le second chapitre un exposé extrêmement intéressant sur ce sujet, mettant notamment en lumière le processus de purification des conditionnements inconscients et de développement des potentialités de l'éveil.

Les chapitres suivants décrivent la méthode de méditation proprement dite et la manière d'appliquer la pratique aux différentes circonstances de la vie. Sur ce dernier point, Bokar Rimpotché a voulu donner des instructions au niveau le plus profond, celui du mahamoudra. On y trouvera une grande richesse, mais peut-être aussi une certaine difficulté !

Les enseignements rassemblés dans le présent recueil correspondent pour la plupart à un travail accompli en privé avec Bokar Rimpotché, ce qui a permis d'aborder et de préciser de nombreux aspects que le cadre général des enseignements publics laisse habituellement de côté. Ceci fait qu'on peut y lire des explications qui, en français, ne sont données nulle part ailleurs.

Le traducteur

N.B. - Le texte complet de la méditation de Tchènrézi (tibétain, phonétique et traduction) est disponible auprès de : Kagyu Dzong, 40 route circulaire du Lac Daumesnil, 75012 Paris (01 40 04 98 06).

La pratique de Tchènrézi est enseignée et accomplie dans de nombreux centres du dharma en France et à l'étranger. La pratique de *nyoung-né*, associée à Tchènrézi à onze visages, est plus particulièrement proposée par : Karma Migyour Ling, Montchardon, 38160 Izeron (04 76 38 33 13).

Nature de la divinité

TCHÈNRÉZI ABSOLU ET RELATIF

Seigneur au corps blanc que n'entache nul défaut,
De votre tête, le parfait Bouddha est l'ornement.
Sur les êtres vous portez un regard compatissant,
Devant vous, Tchènrézi, je m'incline.

Ainsi s'exprime une très célèbre louange adressée à la "divinité" la plus populaire du Tibet.

Qui est *vraiment* Tchènrézi, divinité au corps blanc dotée de quatre — parfois mille — bras, pour laquelle les Tibétains nourrissent une dévotion particulière et dont beaucoup d'Occidentaux pratiquent aussi désormais la méditation ?

Est-ce un dieu lumineux, doux et compatissant qui, depuis des cieux lointains, veille sur le sort des êtres, comme le croit la majorité du bon peuple tibétain ? Est-ce une simple image symbolique comme le pensent parfois les Occidentaux ? Est-ce encore une autre réalité, plus profonde et plus riche ?

Il faut, en premier lieu, bien voir que Tchènrézi est à la fois une apparence (la manifestation divine) et une essence (la réalité intérieure), sans que l'une n'exclue l'autre ni ne la contredise. L'apparence de Tchènrézi est le signe de son essence, qu'elle rend manifeste et dont elle permet l'approche. L'apparence n'épuise pas l'essence, pas plus que l'essence ne nie l'apparence. Prétendre que Tchènrézi n'aurait qu'une existence extérieure à nous-mêmes serait une erreur, mais ce serait une autre erreur que de ne voir en lui qu'une abstraction. Saisir le lien entre les deux aspects de la divinité est indispensable autant pour comprendre ce qu'est Tchènrézi que pour comprendre sa méditation.

Qui est, tout d'abord, Tchènrézi *en essence* ?

Tchènrézi n'est autre que le mode d'être de l'esprit, à savoir l'union de la vacuité et de la compassion. Cette nature ultime de l'esprit, c'est Tchènrézi du point de vue de la réalité définitive. Pour utiliser d'autres termes, on dira encore que Tchènrézi est la *bodhichitta* sous ses deux aspects :

- *bodhichitta* absolue correspondant à la vacuité,
- *bodhichitta* relative correspondant à la compassion.

Lorsqu'on décrit la nature de l'esprit, on utilise le plus souvent les termes vacuité et clarté plutôt que vacuité et compassion comme nous venons de le faire. En fait clarté et compassion sont une seule et même chose, désignant l'expression dynamique de l'esprit. De nombreux termes synonymes sont utilisés pour désigner ces deux aspects indissolublement unis :

Tchènrézi à quatre bras

- vacuité et compassion,
- connaissance et moyens,
- aspect absolu et aspect relatif,
- mode d'être et mode de manifestation, etc.

Quels que soient les mots utilisés, c'est aussi cette même réalité qu'est en fait Tchènrézi. Il est, pour chaque être, la nature éveillée de son propre esprit, l'amour et la compassion primordialement présents dans le *dharmakaya*.

Tchènrézi est ainsi inhérent à nous-mêmes, car amour et compassion ne sont pas des qualités rajoutées à l'esprit. Elles font partie de l'éveil, même si celui-ci n'est, pour le moment, que potentiel en nous.

Les différents degrés d'amour et de compassion que nous voyons d'un être à un autre correspondent à une actualisation plus ou moins grande de ce potentiel, au rayonnement plus ou moins puissant de Tchènrézi en nous. Mais on ne peut dire d'aucun être qu'il est totalement dépourvu d'amour et de compassion, car ce serait lui dénier cette nature éveillée dont tous les êtres sont dotés. Simplement, les voiles recouvrant l'esprit peuvent être momentanément si épais que les qualités latentes ne peuvent aucunement s'exprimer.

Le dysfonctionnement fondamental de notre esprit se présente sous la forme d'une scission entre moi et autre : nous saisissons illusoirement, un *moi* sur lequel se greffe l'attachement en même temps que nous concevons un *autre,* support de l'aversion. Cette dualité empêche l'expression libre et spontanée de l'amour et de la compassion, les maintient à l'état de virtualité.

Il en résulte qu'au lieu de souhaiter le bonheur des êtres, nous souhaitons notre propre bonheur, qu'au lieu d'aspirer à la disparition de leurs souffrances, nous aspirons à la disparition de nos propres souffrances; au lieu de nous réjouir du bonheur des autres, nous nous réjouissons de notre propre bonheur; au lieu de poser un regard égal sur tous, nous entrons dans le jeu des préférences et de la partialité : "notre" Tchènrézi reste alors caché.

Dire que Tchènrézi n'est autre que la nature ultime de l'esprit n'est pas pour autant nier sa manifestation formelle. L'essence s'exprime sous une *apparence*. En même temps que Tchènrézi existe sur le plan de la réalité définitive, au niveau de la réalité-guide, il apparaît sous la forme d'une divinité, telle que nous la connaissons habituellement. Il est l'expression visible prise par tous les bouddhas afin que nous puissions rendre actifs l'amour et la compassion pour le moment virtuels en nous, afin qu'en nous se révèle l'ultime Tchènrézi. Son nom même exprime sa nature, chaque syllabe le composant ayant en tibétain un sens :

- *tchèn* signifie œil ;
- *ré* donne une idée de continuité ;
- *zi* signifie regarder.

Tchènrézi est donc celui qui "continuellement regarde tous les êtres avec l'œil de la compassion".

Le rapport entre Tchènrézi comme potentiel de compassion de notre esprit et Tchènrézi apparaissant sous forme divine est le fondement même de la pratique :

- d'un côté, Tchènrézi en tant que divinité manifestée est chargé de la puissance de la grâce et de la compassion de l'esprit de tous les bouddhas, dont il est le vecteur ;

- d'un autre côté, notre propre esprit est doté des potentialités de l'amour et de la compassion ;
- en troisième lieu, l'interconnexion inéluctable qui relie toutes choses fait que le premier facteur agit nécessairement sur le second, dont il va être le révélateur.

Sans les virtualités de notre esprit, la divinité resterait une apparence extérieure, belle et lumineuse, mais inopérante. Sans la divinité, nos virtualités resteraient stériles. Ceci du point de vue du chemin. Cependant, du point de vue de l'éveil ultime, au-delà des notions d'extérieur et d'intérieur, au-delà de toute dualité, il n'existe plus aucune différence entre la divinité et notre propre esprit, qui est lui-même bouddha.

Lorsque nous faisons la méditation de Tchènrézi, si nous voyons l'amour et la compassion grandir dans notre esprit, c'est le signe que notre pratique porte ses fruits. Le Tchènrézi relatif nous sert alors de support pour développer le Tchènrézi absolu qui demeure en nous depuis toujours. Comprendre que Tchènrézi n'est en réalité jamais séparé de nous, qu'il est inhérent à notre esprit, permet de placer la pratique sous son véritable jour.

Nous avons besoin du Tchènrézi relatif pour réaliser le Tchènrézi ultime : la méditation de la forme et des attributs de la divinité, la récitation de son mantra nous conduisent à la réalisation de la compassion présente dans notre propre esprit, qui est en même temps vacuité. La puissance de la grâce transmise par le Tchènrézi relatif nous conduit à l'absolu de notre propre esprit, dont la dynamique est l'amour et la compassion.

LA COMPASSION

Tchènrézi et la compassion sont, nous venons de le voir, une seule réalité, le Grand Compatissant étant la forme prise par la dynamique de l'esprit sans forme. Aussi nous faut-il bien comprendre ce que sont amour et compassion.

En même temps, nous comprendrons quelle est notre chance d'avoir une existence humaine. Si nous comparions même nos plus grandes souffrances ou nos plus graves difficultés à ce qu'endurent les animaux, nous verrions que nous ne sommes jamais dans une condition aussi douloureuse que la leur. Lorsque, par exemple, un animal est touché par la maladie, ses souffrances physiques sont les mêmes que celles d'un humain qui tombe malade, mais il n'a aucun moyen d'alléger sa peine : il ne peut la décrire, il n'a ni médecin ni remède auxquels se confier. Lorsqu'il est exposé au grand froid ou à d'intenses chaleurs, il n'a guère non plus les moyens de s'en protéger. Lorsqu'on lui impose les travaux les plus durs, il ne dispose d'aucune liberté de refuser. Tandis qu'aux hommes, même les plus pauvres, même les plus démunis, il reste toujours une petite marge de liberté pour tenter de trouver des moyens qui amélioreront leur sort.

La plupart des gens ne voient néanmoins que leur propre souffrance et se lamentent sans cesse sur eux-mêmes : “Que je souffre ! Que cette maladie est dure ! Que ma condition est pénible ! Que nos difficultés sont grandes !” Jamais ils ne pensent à prendre en considération les souffrances des autres, même si, comme celles des animaux, elles sont bien plus nombreuses et bien plus intenses que les leurs.

Lorsque nous ne comprenons pas les souffrances des autres, nous accomplissons beaucoup d'actes qui leur nuisent et qui, par leur caractère négatif, entraîneront dans nos vies à venir des souffrances pour nous-mêmes, bien que nous ne les désirions pas.

Dans le bouddhisme en général, et plus particulièrement dans le grand véhicule, le simple fait de prendre conscience des souffrances et des difficultés des autres est regardé comme une attitude intérieure très bénéfique, car elle permet que l'amour et la compassion naissent en nous naturellement.

Amour et compassion sont deux notions très voisines, que distingue cependant le point de vue duquel on se place : obtention du bonheur ou suppression de la souffrance.

L'amour, en premier lieu, c'est souhaiter le bonheur des êtres, à la fois dans le présent et dans l'avenir. Le bonheur ayant pour cause karmique les actes positifs, du corps, de la parole ou de l'esprit, il dépend, pour les vies prochaines, de la vie présente et de la manière dont nous en faisons usage. L'amour veut donc pour les autres le bonheur non seulement en cette vie, mais aussi qu'ils puissent poser les fondations de leur bonheur à venir par une conduite positive.

La compassion, pour sa part, prend pour point de référence la souffrance. Elle est la volonté que les êtres puissent dès maintenant être libres de la souffrance qui est le résultat d'actes négatifs passés, et qu'ils ne créent pas les causes de leurs souffrances à venir par une activité négative présente.

Que les autres puissent être heureux maintenant et dans le futur, qu'ils puissent cesser de souffrir maintenant et dans le futur, doit être par ailleurs un motif de joie profonde.

L'équanimité est un autre point important. Dans nos relations avec les autres, nous opérons habituellement une division en trois catégories : ceux envers qui nous avons de la sympathie ou de l'affection, ceux pour qui nous éprouvons de l'antipathie ou de la haine, ceux qui nous sont indifférents, les deux dernières catégories formant un groupe beaucoup plus important que la première. Nous devons nous défaire de cette habitude, nous exercer à regarder tous les êtres avec le même amour que nous avons pour notre mère ou pour un ami très cher, sans partialité, sans faire acception de personne.

Amour, compassion, joie et équanimité constituent les "quatre sans mesure", qui sont le cœur même de la pratique du mahayana. Lorsque ces quatre attitudes imprègnent notre esprit et qu'elles guident notre manière de penser, de parler et d'agir, c'est aussi ce qu'on appelle la *bodhichitta*.

Il est possible que cette bodhichitta, cette aspiration fondamentale au bien des autres, soit une disposition naturelle dans l'esprit de certaines personnes ; mais, le plus souvent, nous sommes tournés vers nous-mêmes et raisonnons de manière très étroite. Quelle est notre aspiration implicite ? "Puissé-je, moi, être libre de la souffrance et des causes de la souffrance ! Quelle joie pour moi d'être à jamais sorti de la souffrance et de posséder le bonheur pour toujours ! Tel et tel sont mes amis, tel et tel mes ennemis, et des autres, je ne me soucie pas du tout !"

Ou bien encore : "Pour moi le bonheur, pour moi ce qui est agréable, pour moi ce qui est bon, pour moi ce qui est beau, pour moi ce qui est précieux..." Par ce puissant attachement qui nous lie à "moi", nous tournons le dos à l'amour et nous nous enfermons dans une dualité de plus en plus grande : "Pour moi le bonheur, et pour mon ennemi le malheur ; pour moi ce qui est bon, pour mon ennemi ce qui est mauvais ; pour moi la beauté, pour mon ennemi la laideur ; pour moi l'agréable, pour mon ennemi le désagréable ; pour moi la victoire et le gain, pour mon ennemi la défaite et la perte !"

Cet intérêt porté à nous-mêmes et ce rejet ou cette ignorance des autres nous conduisent à commettre beaucoup d'actes négatifs.

Lorsqu'au contraire nous sommes habités par les "quatre sans mesure", nous sommes naturellement amenés à éviter tout ce qui pourrait nuire aux autres, naturellement conduits à accomplir ce qui leur est bénéfique. Dès lors, nous donnons le bonheur aux autres en même temps que nous engendrons, pour l'avenir, notre propre bonheur. C'est un bienfait autant pour nous-mêmes que pour les autres.

Pour que les qualités de la bodhichitta qui ne sont pas encore éveillées en notre esprit y naissent, pour que celles qui s'y sont épanouies ne se dégradent pas mais continuent à se développer, la méthode la plus puissante est certainement la méditation de Tchènrézi.

La bodhichitta imprègne toute la pratique du mahayana et doit être regardée comme un trésor inévaluable. L'un des grands maîtres de l'Inde qui concourut à la propagation du bouddhisme au Tibet fut Atisha. Il avait l'habitude, chaque fois qu'il prononçait le nom d'un des maîtres dont il avait reçu des enseignements, de joindre les mains au niveau du cœur, en signe de respect, de dévotion et de gratitude. Toutefois, lorsqu'il disait le nom de Serlingpa — l'un d'entre eux — il joignait les mains au-dessus de la tête. Surpris de cette différence, des disciples lui en demandèrent un jour la raison, s'il voulait par là signifier que Serlingpa était supérieur aux autres. "Ce n'est pas la raison, expliqua Atisha ; tous les maîtres dont j'ai reçu des enseignements étaient égaux en perfection. Mais c'est grâce à Serlingpa que la bodhichitta est née dans mon esprit, et c'est en témoignage de reconnaissance pour cette chose extraordinaire que, lorsque je prononce son nom, je joins les mains au-dessus de la tête".

Ou encore, nombreux étaient ceux qui, au Tibet, venaient trouver Atisha afin de lui demander des enseignements sur le sens profond de la vacuité, sur les théories du *madhyamika*, ou sur le vajrayana. Il répondait invariablement qu'il n'était pas possible de comprendre la vacuité ou de pratiquer le vajrayana si, au préalable, on n'avait pas développé la bodhichitta. Aussi enseignait-il toujours la bodhichitta.

La mise en œuvre de l'amour et de la compassion n'est pas toujours une chose facile, d'autant plus que nous n'avons pas maintenant un grand pouvoir d'aider les autres. Constater, dans de nombreux cas, notre incapacité à apporter une aide effective ne doit pourtant pas être une cause de découragement. Nous pouvons au moins, et dans tous les cas, faire des prières et des souhaits pour ceux qui souffrent, en particulier souhaiter devenir capables de les secourir dans l'avenir. Par là-même, nous nourrirons notre bodhichitta et gagnerons progressivement la faculté d'aider vraiment les autres.

Il peut aussi arriver que, malgré toute notre bonne volonté et malgré l'aide que nous tentons sincèrement d'apporter, nous recevions en réponse une attitude mécontente ou hostile. Nous risquons fort alors d'entrer dans l'engrenage de l'agressivité et de nous dire que nous n'apporterons plus jamais aucune aide à celui qui réagit ainsi à notre générosité. Pour ne pas aller à l'encontre de la compassion, il est nécessaire de bien saisir le mécanisme de la situation. Celui qui, malgré notre intention positive, manifeste de l'hostilité à notre encontre, ne le fait pas librement. Il est sous l'emprise de l'ignorance, du *karma* et des émotions conflictuelles, qui l'empêchent, pour le moment, d'agir autrement qu'il le fait. Bien que nous ayons l'impression qu'il pourrait faire autrement, il n'a en fait pas le choix. Ainsi que le dit Shantidéva :

Je ne me mets pas en colère
Contre une maladie qui me fait souffrir ;
Pourquoi donc me mettre en colère contre d'autres
personnes ?
Elles aussi sont sous l'emprise de conditions (qui les
font agir).

Comprendre cette absence de liberté de l'autre lorsqu'il se montre agressif nous empêchera de le rejeter à notre tour. On aura au contraire pour lui d'autant plus de compassion et l'on souhaitera, si on ne peut l'aider maintenant, pouvoir le faire dans l'avenir.

Une mère qui a plusieurs enfants les aime tous d'un même amour, accorde la même attention et les mêmes soins à tous. Il peut toutefois arriver qu'un des enfants, du fait qu'il est malade ou rencontre d'autres difficultés passagères, se montre agressif à son égard malgré les soins et la gentillesse qu'elle lui accorde. Peut-être même va-t-il l'insulter ou tenter de la battre. Ce n'est pas impossible. La mère ne pensera pourtant pas : "Ce n'est plus mon enfant, je ne veux plus m'en occuper, je ne ferai rien pour lui". Au contraire, elle comprend que ses réactions sont provoquées par la maladie ou d'autres circonstances. Elle en éprouve alors encore plus d'amour pour lui, supporte avec patience ses rebuffades, et souhaite pouvoir l'aider dès que ce sera possible. Lorsque nous sommes en butte à l'agressivité injustifiée des autres, c'est cette même attitude que nous devons avoir.

Nous n'avons certainement pas à l'heure actuelle un amour et une compassion parfaits. C'est tout à fait normal, puisque nous sommes des êtres ordinaires. Nous devons envisager leur acquisition comme un apprentissage et une progression, exactement comme l'enfant qui va à l'école apprend tout d'abord à lire, puis au fur et à mesure qu'il passe dans les classes supérieures assimile de nouvelles connaissances sur la base des précédentes.

Nous ne devons pas nourrir de doute sur les possibilités de développer l'amour et la compassion. Ce ne sont pas des idées extérieures à nous-mêmes, mais, comme nous l'avons vu à propos du Tchènrézi ultime, des qualités qui existent dès maintenant dans notre esprit, de manière parfaite mais latente. Etant donné l'interdépendance infaillible entre tous les phénomènes, il est certain que notre apprentissage relatif actuel amènera l'actualisation de ces qualités virtuelles.

La compassion veut que nous souhaitions libérer tous les êtres du *samsara*. On a tendance parfois à considérer ce souhait comme dérisoire en raison même de son ampleur. Puisque, jusqu'à présent, nous n'avons pas réussi à nous sortir nous-mêmes du samsara, à quoi bon rêver d'en sortir les autres ! Pourtant, c'est précisément cette attitude noble et courageuse qui nous conduit vers notre propre libération, et qui, lorsque nous aurons atteint l'éveil, sera la dynamique qui nous permettra d'aider les autres. Maintenant même, elle engendre de grands bienfaits, diminuant nos propres souffrances et permettant déjà de soulager celles des autres.

Sans la bodhichitta, c'est-à-dire sans l'amour et la compassion, toute autre pratique, si profonde soit-elle apparemment, n'est pas une voie vers l'éveil : ni *chiné* (pacification mentale) ni les méditations sur les divinités, ni les exercices sur les canaux et les énergies subtiles.

Les Occidentaux disposent, de nos jours, de multiples techniques qui permettent des choses merveilleuses : les hommes peuvent voler dans les airs, se déplacer sous la mer, reproduire et transmettre l'image et la parole, franchir de grandes distances en très peu de temps, et faire encore bien d'autres choses qu'on ne pouvait pas même imaginer autrefois. Cependant, rien de tout cela n'aurait pu être inventé et ne pourrait fonctionner si l'on n'avait pas tout d'abord découvert et si l'on ne disposait pas maintenant de l'électricité. Sans électricité, tout s'arrête, les machines deviennent des objets immobiles et inutiles.

La bodhichitta, c'est l'électricité des pratiques spirituelles. Si elle est coupée, plus rien ne fonctionne. Par contre, avec la bodhichitta, les phases de création et d'achèvement des divinités deviennent une véritable voie vers l'éveil, la méditation sur la vacuité devient une voie vers l'éveil, la concentration sur les souffles et les canaux subtils devient une voie vers l'éveil. Animée par la bodhichitta, toute activité ordinaire, tout travail dans le monde, devient une voie vers l'éveil.

Celui qui aurait toute l'intelligence et toute la science du monde mais qui manquerait d'amour et de compassion ne pourrait jamais rien accomplir de vraiment bénéfique pour les autres. Celui qui est profondément habité par l'amour et la compassion, dans tout ce qu'il fait, accomplit le bien des autres.

PRÉSENCE DE TCHÈNRÉZI

Tchènrézi étant l'expression de la compassion, celle de tous les bouddhas et celle de notre propre esprit, il ne peut qu'être présent parmi les hommes qui souffrent. Cette présence revêt des formes multiples, dont la variété est beaucoup plus grande que ce qu'on peut tout d'abord imaginer.

Au Tibet, en premier lieu, des grands lamas — nous verrons plus loin la vie de certains d'entre eux — étaient regardés comme des émanations de Tchènrézi, comme, par exemple, les Dalaï-Lamas, ou comme les Karmapas, prophétisés comme tels dans de nombreux *termas*, à savoir des textes cachés par Padmasambhava. Ou encore un lama comme Kalou Rimpotché, qui avait une très profonde pratique de la méditation, qui considérait Tchènrézi comme un de ses principaux yidams, qui enseignait la méditation de Tchènrézi à ses disciples et l'institua comme pratique régulière dans les très nombreux centres du dharma qu'il fonda en Occident ou en Asie du sud-est, peut être compté comme une émanation du Seigneur de Grande Compassion, même s'il n'est pas spécifiquement identifié en tant que tel.

Toutefois, la manifestation de Tchènrézi sur la terre ne se limite ni au Tibet, ni au monde bouddhiste, ni aux lamas. Les noms et les formes n'en sont nullement des signes. Ses émanations peuvent aussi bien être des bouddhistes ou des non-bouddhistes, des religieux ou des laïcs, des hommes ou des femmes, des Orientaux ou des Occidentaux, un roi ou un mendiant.

De toute personne dont le cœur est mû par l'amour et la compassion, qui accomplit profondément et sincèrement le bien des autres, sans souci de renommée, de profit, de position sociale ou de reconnaissance, on peut dire qu'elle exprime l'activité de Tchènrézi. L'amour et la compassion sont les véritables signes qui nous révèlent la présence de Tchènrézi.

Les bodhisattvas sont des êtres qui n'ont d'autre motivation que la compassion, qui est elle-même Tchènrézi au sens ultime. Dans certaines prières des bodhisattvas on trouve parfois le souhait de devenir un navire, un pont, un remède, un médecin, etc. Dans le *Bodhisattvacharyavatara,* par exemple, Shantidéva s'exprime ainsi :

Puissé-je être un protecteur pour ceux qui n'en ont pas,
Un guide sur la route des voyageurs,
Un pont, un navire ou une barque,
Pour ceux qui veulent franchir les eaux.

Puissé-je être une île pour ceux qui la cherchent,
Une lampe pour ceux qui désirent la lumière,
Un lit pour ceux qui ont besoin de repos,
Un serviteur pour ceux qui veulent un serviteur.

Derrière le caractère un peu déroutant de ces souhaits, il faut voir l'esprit de compassion des bodhisattvas, prêts à se manifester sous n'importe quelle forme bienfaisante pour les êtres. S'il est bénéfique qu'un navire puisse franchir la mer, le bodhisattva apparaît sous la forme d'un navire. S'il est bon qu'un pont enjambe le fleuve, il se manifeste sous la forme d'un pont. Si une maladie virulente affecte les hommes, le bodhisattva souhaite devenir le remède qui la guérira, le médecin qui saura le prescrire, l'infirmière qui assistera le malade.

L'esprit de Tchènrézi peut œuvrer sous la forme d'un humain, d'un animal, d'une plante ou d'une chose inerte : c'est toujours l'expression de la compassion.

Tchènrézi peut même se manifester sous la forme d'une personne dont l'activité sera *en apparence* négative, mais dont le but sera en fait de tourner les autres vers une conduite positive. On raconte l'histoire de deux moines d'une contrée lointaine qui, ayant entendu dire que le roi du Tibet Songtsèn Gampo était une émanation de Tchènrézi, voulurent le rencontrer. Or, parvenant à Lhassa, ils apprirent que, par ordre du roi, de nombreuses personnes avaient été exécutées, beaucoup d'autres emprisonnées. Non seulement ils se dirent que ces actes ne pouvaient être le fait d'une émanation de Tchènrézi, mais ils prirent peur et décidèrent de fuir au plus tôt. Toutefois, le roi, ayant appris leur venue et leur projet de départ précipité, envoya des émissaires les chercher. Quand il eut compris les raisons qui motivaient leur fuite, il leur expliqua qu'en réalité il n'avait ni tué ni maltraité personne ; mais les Tibétains étaient un peuple rude et sauvage, peu enclin à se soumettre aux lois et aux règles d'une société préservant l'intérêt de chacun ; aussi pour les conduire à plus de tempérance sans pour autant leur nuire, avait-il créé des émanations magiques sous forme de brigands et de malfaiteurs, dont les châtiments exemplaires autant qu'illusoires inciteraient au respect des lois et d'autrui. Le roi était bien une émanation de Tchènrézi : ses pouvoirs pouvaient donner l'apparence d'actes négatifs, alors qu'il ne les utilisait que comme instrument de sa compassion.

Là où est la compassion, quelle que soit sa forme, là est Tchènrézi.

LA GENÈSE DE TCHÈNRÉZI

D'un point de vue absolu, Tchènrézi est sans origine ; il existe primordialement. Néanmoins, du point de vue de la réalité-guide, on assigne un commencement à sa manifestation dans le domaine des phénomènes. Voici les grandes lignes de cette manifestation, telle que la rapporte le texte intitulé le *Mani Khaboum*.

Amitabha, le Bouddha de Lumière Infinie, qui règne sur le Champ de Béatitude (*Déwatchèn*), conçut un jour que, pour aider les êtres, il fallait que se manifeste une divinité ayant l'apparence d'un jeune homme. Son œil droit émit alors un rayon de lumière blanche qui prit la forme de Tchènrézi. Il vit qu'il fallait aussi une divinité ayant l'apparence d'une jeune fille et de son œil gauche jaillit un rayon de lumière verte, d'où naquit Tara.

Ainsi né de l'œil d'Amitabha, le jeune homme apparut miraculeusement sur un lotus. Il y avait alors dans le Champ de Béatitude un roi qui s'appelait Bonté Sublime (*Zangpotchok*). Mille reines étaient ses compagnes, pourtant aucun fils ne lui était né. C'était son grand regret, et il souhaitait ardemment la venue d'un héritier. Afin que son souhait soit exaucé, il donnait beaucoup de ses biens au dharma et, sur l'autel, présentait de multiples offrandes aux Bouddhas et aux Trois Joyaux. Pour ce faire, il envoyait régulièrement un serviteur au Lac des Lotus, qui s'étendait non loin du palais, avec pour mission d'en rapporter de belles fleurs fraîches. Un jour que le serviteur était ainsi parti faire sa cueillette, il aperçut, assis sur le cœur d'un lotus, un enfant d'aspect merveilleux. Il courut aussitôt au palais et rapporta au roi ce qu'il avait vu.

Le roi pensa que ses prières avaient été entendues : l'enfant miraculeux ne pouvait être que le fils tant souhaité. Avec sa cour, il se rendit au Lac des Lotus pour prier le jeune homme de venir habiter avec lui. Celui-ci semblait avoir seize ans ; il était très beau, de couleur blanche, paré de soieries et de bijoux. Il disait sans cesse : “Pauvres êtres ! Pauvres êtres !”

Il vint donc habiter au palais du roi, qui, en raison des circonstances de la découverte, le nomma Cœur de Lotus (*Pémeï Nyingpo*).

Bonté Sublime voulut néanmoins savoir d'où venait le jeune homme. Il alla donc trouver Amitabha, lui demanda de qui Cœur

Tara Verte

de Lotus était l'émanation et quel était son véritable nom.

- Cet enfant est une émanation de l'activité de tous les bouddhas, répondit Amitabha ; il est celui qui accomplit le bien de tous les êtres, celui qui réjouit le cœur de tous les bouddhas. Son nom est "Tchènrézi, le Noble Souverain". Le secours qu'apportera aux êtres ce fils bien né sera aussi vaste que l'espace.

Lorsque plus tard Tchènrézi posa sur les êtres le regard de la compassion, il vit que, tombés sous l'emprise du désir, de l'aversion, de l'aveuglement, de la jalousie et de l'orgueil, ils s'étaient recouverts de nombreux voiles karmiques et qu'innombrables étaient leurs souffrances. Il le vit, et une larme coula de chacun de ses yeux. De la larme tombée de son œil droit apparut Tara, de la larme tombée de son œil gauche apparut la déesse Lhamo Treulnyèrtchèn. Les deux divinités se tournèrent vers lui et lui dirent : "Ne crains pas, nous t'aiderons dans ta mission pour le bien des êtres". Puis, d'un coup, elles se fondirent de nouveau dans ses yeux.

Puis, alors qu'il était en présence d'Amitabha, Tchènrézi pensa : "Aussi longtemps qu'un seul être n'aura pas atteint l'éveil, j'œuvrerai pour le bien de tous. Et si je venais à manquer à cette promesse, que ma tête et mon corps se brisent en mille morceaux !"

Amitabha comprit cette pensée et lui dit : "Cette promesse est excellente. Moi-même et tous les bouddhas des trois temps c'est en prenant de tels engagements que nous avons atteint l'éveil pour le bien de tous. Je t'aiderai à accomplir ce que tu as promis".

Le corps de Tchènrézi émit alors six rayons de lumière qui produisirent des émanations dans chacune des six classes d'êtres —

Tchènrézi à deux bras

les hommes, les dieux, les demi-dieux, les animaux, les esprits avides, les enfers — destinées à agir pour le bien de tous.

Il œuvra ainsi pendant de nombreux *kalpas*, puis, un jour, du haut du mont Mérou, il regarda avec l'œil de la connaissance s'il avait libéré de nombreux êtres, si leur nombre avait diminué dans le samsara. Il vit, hélas, qu'ils étaient encore innombrables.

Il en fut triste. Découragé, il pensa : "Je n'ai pas la capacité de secourir les êtres ; mieux vaut que je me repose dans le *nirvana*."

Cette pensée allait à l'encontre de sa promesse. Aussi son corps se brisa-t-il en mille morceaux et il connut une intense souffrance.

Amitabha, par la puissance de sa grâce, recomposa le corps de Tchènrézi. Il lui donna onze visages, lui conféra mille bras semblables aux mille rayons de la roue d'un monarque universel, et mille yeux, symboles des mille bouddhas du kalpa en cours. Tchènrézi pourrait désormais aider les êtres sous cette forme, autant que sous ses autres formes, à deux bras ou à quatre bras. Amitabha demanda à Tchènrézi de reprendre sa promesse avec encore plus de vigueur qu'auparavant et lui transmit alors le mantra aux six syllabes : OM MANI PADMÉ HOUNG.

Telle est l'histoire de la manifestation de Tchènrézi dans le domaine relatif.

LE CHAMP DE BÉATITUDE ET LE POTALA

Le Potala est surtout connu comme étant le palais de Lhassa qui, jusqu'à l'invasion chinoise, servait de demeure aux Dalaï-Lamas. Toutefois, ce Potala de Lhassa doit lui-même son nom au

Potala céleste, montagne au sommet de laquelle Tchènrézi a sa demeure, dont il est comme le reflet sur la terre. L'édifice de Lhassa fut à l'origine ainsi nommé parce que le roi Songtsèn Gampo, qui le fit construire au VIIe siècle, était regardé comme une émanation de Tchènrézi, tout comme le seront, plus tard, les Dalaï-Lamas.

Bien que le palais de Tchènrézi, en tant qu'émanation, soit le Potala céleste, il demeure en même temps dans le Champ de Béatitude (Déwatchèn) : il y succèdera à Amitabha lorsque celui-ci partira pour d'autres champs purs. C'est pourquoi, à la fin de la méditation, on prie pour renaître dans le Champ de Béatitude.

On assigne au Champ de Béatitude et au Potala des localisations très différentes : le premier est à l'ouest, extrêmement loin de notre monde, le second au sud, beaucoup plus proche. C'est de là que Tchènrézi veille plus particulièrement sur la terre.

Ces considérations n'ont toutefois de sens que dans le contexte de la réalité-guide. Du point de vue de la réalité définitive, les manifestations des bouddhas et leurs champs purs sont "d'une seule saveur". On ne peut leur appliquer les notions de multiplicité ou d'unité.

En vérité, les champs de manifestation pure, comme le Champ de Béatitude, ne sont autres que la luminosité propre de l'esprit des bouddhas. Tout en étant manifestés, ils n'ont pas, du point de vue de l'éveil, de réalité objective ; ils sont au-delà des concepts de sujet et d'objet. C'est ce mode d'apparence non-duel que l'on nomme "luminosité propre".

Tchènrézi à mille bras

Nous n'avons pas maintenant la capacité de voir les champs purs. Toutefois, tourner notre esprit vers eux et prier pour y renaître crée une tendance purificatrice qui, alliée à la force des souhaits et à la puissance de la grâce des bouddhas, permet effectivement, après la mort, d'y reprendre naissance.

L'expérience qu'on en fait alors diffère à la fois de ce que nous vivons à l'heure actuelle et de ce que vit un bouddha. Les apparences que nous y percevons n'ont pas la même structure que la matière ordinaire, elles ont un caractère pur. Tout y est beau, tous les sons harmonieux, toutes les odeurs agréables, etc. Les émotions conflictuelles et la souffrance en sont absentes. Néanmoins nous restons dans une relation de sujet à objet ; nous ne faisons pas l'expérience de la pureté non-duelle. Pour y parvenir, nous devons continuer, dans le champ pur, à recevoir des enseignements, à méditer, à pratiquer. Nous sommes sortis des souffrances de l'état d'être ordinaire, mais nous n'avons pas atteint la non-dualité ultime, l'état de bouddha.

D'une manière générale, pour renaître dans les champs purs, il faut au préalable avoir obtenu la première terre de bodhisattva, niveau de réalisation très élevé où l'on possède déjà la vision directe de la réalité ultime. Le Champ de Béatitude ne requiert pas, quant à lui, d'avoir nécessairement atteint un tel degré. On peut y renaître et y vivre sans être arrivé à la première terre, ceci grâce à la force particulière de la compassion et des souhaits du bouddha Amitabha. Il est dit que si l'aspiration, la dévotion et la confiance sont très grandes, même celui qui a commis de nombreux actes négatifs peut renaître dans le Champ de Béatitude. C'est aussi le lieu où peuvent se manifester, après cette vie, de très grands êtres, comme Khyoungpo Neljor, le fondateur de la lignée changpa. Quoi qu'il en soit, c'est un état sans retour : une fois qu'on y a pris naissance, il n'est plus possible de retomber dans les mondes du samsara.

LE MANTRA "OM MANI PADMÉ HOUNG"

Les mantras sont une manifestation sonore issue de la vacuité. Ils sont le son propre de la vacuité.

Du point de vue de la vérité absolue, de la vacuité elle-même, le mantra n'a pas d'existence. Il n'y a alors ni son ni mantra. Les sons et les mantras, comme toute autre forme de manifestation, se situent dans le domaine du relatif, qui lui-même s'élève de la vacuité. Dans ce domaine relatif, les sons, bien que dépourvus d'entité propre, ont le pouvoir de désigner, de nommer, et d'agir sur l'esprit. Lorsqu'on nous dit, par exemple : "Vous êtes quelqu'un de bien", ou au contraire : "Vous êtes très désagréable", les mots "bien" ou "désagréables" ne sont pas des "choses", ce ne sont que des sonorités qui n'ont en elles-mêmes rien de "bien" ni de "désagréable". Ils évoquent pourtant les pensées de "bien" et de "désagréable" et produisent un effet sur notre esprit. De la même manière, dans le domaine relatif, les mantras sont dotés d'un infaillible pouvoir d'action.

Les mantras sont souvent le nom des bouddhas, des bodhisattvas ou des divinités. OM MANI PADMÉ HOUNG (les Tibétains prononcent OM MANI *PÉMÉ* HOUNG) n'est autre, par exemple, qu'une manière de nommer Tchènrézi. D'un point de vue absolu, Tchènrézi n'a pas de nom, mais dans le domaine du relatif, de la réalité-guide, il est désigné par des noms. Or, ceux-ci sont eux-mêmes le vecteur de sa compassion, de sa grâce et de la puissance des souhaits qu'il formule pour le bien des êtres, de sorte que la récitation de son nom transmet les qualités de son esprit : c'est là l'explication du pouvoir bénéfique de son mantra, qui est aussi son nom.

De même que nous nous assimilons à notre nom, que nous ne faisons qu'un avec lui, de la même manière, dans le relatif, le mantra est identique à la divinité. Ils ne forment qu'une seule réalité. Lorsqu'on récite le mantra, celui-ci n'est autre que la divinité elle-même. Par la récitation on reçoit la grâce de la divinité, par la visualisation on reçoit cette même grâce, sans différence.

Le mantra OM MANI PADMÉ HOUNG a parfois donné lieu à des traductions fantaisistes ou mystérieuses. Pourtant, nous venons de le dire, c'est simplement un nom de Tchènrézi, placé entre deux syllabes sacrées traditionnelles, OM et HOUNG.

- OM représente le corps de tous les bouddhas, c'est aussi le début de tous les mantras ;

- MANI signifie "joyau" en sanscrit ;

- PADMÉ, selon la prononciation sanscrite, ou PÉMÉ selon la prononciation tibétaine, signifie "lotus" ;

- HOUNG représente l'esprit de tous les bouddhas et conclut souvent les mantras.

MANI et PADMÉ se réfèrent au joyau que Tchènrézi tient dans ses deux mains centrales et au lotus qu'il tient dans sa seconde main gauche. Dire MANI PADMÉ, c'est nommer Tchènrézi par le biais de ses attributs : "celui qui tient le joyau et le lotus".

“Tchènrézi” ou “Joyau-Lotus” sont deux appellations pour la même divinité.

Lorsque nous récitons ce mantra, en fait nous répétons continuellement le nom de Tchènrézi. En soi, l’exercice peut paraître étrange. Supposons une personne qui s’appellerait Seunam Tséring et que nous répétions sans cesse son nom à la manière d’un mantra : Seunam Tséring, Seunam Tséring, Seunam Tséring, etc. Ce serait tout à fait bizarre et certainement sans utilité. Si, en revanche, la récitation du mantra OM MANI PADMÉ HOUNG a un sens, c’est qu’il est investi de la grâce et de la puissance de l’esprit de Tchènrézi, lequel rassemble la grâce et la compassion de tous les bouddhas et bodhisattvas. Dès lors, le mantra est doté de la capacité de purifier notre esprit des voiles qui l’entravent, de l’ouvrir à l’amour et à la compassion, de le mener vers l’éveil.

Le fait que la divinité et le mantra ne soient qu’un en essence explique qu’on puisse aussi réciter le mantra sans faire nécessairement de visualisation et que cette récitation garde son efficacité.

Les qualités propres à chacune des six syllabes du mantra sont explicitées par de nombreuses correspondances.

On considère, en premier lieu, que chaque syllabe permet de fermer la porte des renaissances d'un des six mondes composant l'existence cyclique, marquées par la souffrance :

- OM ferme la porte des renaissances dans le monde des dieux (*dêvas*),
- MA la porte du monde des demi-dieux (*asouras*),
- NI la porte du monde des hommes,
- PAD la porte du monde des animaux,
- MÉ la porte du monde des esprits avides (*prêtas*),
- HOUNG la porte du monde des enfers.

Chaque syllabe est ensuite regardée comme ayant un effet purificateur propre :

- OM purifie les voiles du corps,
- MA purifie les voiles de la parole,
- NI purifie les voiles de l'esprit,
- PAD purifie les voiles des émotions conflictuelles,
- MÉ purifie les voiles des conditionnements latents,
- HOUNG purifie le voile qui recouvre la connaissance.

Chaque syllabe est en soi une prière :

- OM est la prière adressée au corps des bouddhas,
- MA la prière adressée à la parole des bouddhas,
- NI la prière adressée à l'esprit des bouddhas,
- PAD la prière adressée aux qualités des bouddhas,
- MÉ la prière adressée à l'activité des bouddhas,

- HOUNG rassemble la grâce du corps, de la parole, de l'esprit, des qualités et de l'activité des bouddhas.

Les six syllabes correspondent aux six *paramitas*, les six perfections transcendantes :
- OM correspond au don,
- MA à l'éthique,
- NI à la patience,
- PAD à la diligence,
- MÉ à la concentration,
- HOUNG à la connaissance.

On les met aussi en rapport avec les six bouddhas qui règnent sur les six familles de bouddhas :
- OM correspond à Ratnasambhava,
- MA à Amoghasiddhi,
- NI à Vajradhara,
- PAD à Vairocana,
- MÉ à Amitabha,
- HOUNG à Akshobya.

Enfin, on les relie aux six sagesses :
- OM = sagesse de l'équanimité,
- MA = sagesse agissante,
- NI = sagesse issue d'elle-même,
- PAD = sagesse du *dharmadatou*,

- MÉ = sagesse discriminante,

- HOUNG = sagesse semblable au miroir.

Au Tibet, le mantra de Tchènrézi était récité par tout le monde. Son caractère populaire et simple, loin d'en rabaisser la grandeur, lui conférait un surcroît de valeur, ce qu'exprimait un proverbe teinté d'humour :

Au début, ne pas le savoir n'est pas souffrance
Au milieu, le savoir n'est pas orgueil
A la fin, l'oublier n'est pas à craindre.

Ignorer la logique, la médecine, l'astrologie et les autres sciences présente un caractère douloureux, car il va falloir dépenser beaucoup d'énergie, accepter beaucoup de fatigues et d'efforts pour les assimiler. Tandis que pour apprendre le mantra de Tchènrézi, quelques secondes suffisent. Aucune "souffrance" n'est à envisager pour passer de son ignorance à sa connaissance. C'est pourquoi, " au début, ne pas le savoir n'est pas souffrance".

Lorsqu'on a mis de nombreuses années à acquérir une science difficile, qu'on a obtenu une certaine notoriété ou une certaine position sociale, on risque de se laisser aller à quelque auto-satisfaction et de se croire supérieur aux autres. La simplicité du mantra de Tchènrézi écarte ce danger : "au milieu, le savoir n'est pas orgueil".

Enfin, faute d'entretien, les connaissances que nous aurons pu assimiler en médecine, en astrologie ou dans une autre science, se perdront petit à petit. Tandis que les six syllabes OM MANI PADMÉ HOUNG, il est impossible de ne pas s'en souvenir : "à la fin, l'oublier n'est pas à craindre".

Principes de la méditation

DE L'IMPUR AU PUR

Le dharma est un processus qui permet de passer de l'état d'être ordinaire à l'état d'être éveillé, qu'on appelle bouddha. On ne pourra pas saisir la portée du dharma et sa fonction profonde si l'on ne comprend pas ce processus, dont les principes sont exprimés en termes de purification :

- base de purification,
- objet de purification,
- agent purificateur,
- résultat de purification.

La base de purification

Notre propre esprit, dans sa nature vraie, est *l'esprit en soi,* semblable au mode d'être de l'esprit de tous les êtres. En tant que tel, il n'est pas entaché d'impuretés. Toutefois, il se trouve maintenant empreint de nombreux conditionnements passagers qui, bien que n'affectant pas son essence, produisent l'illusion et la souffrance.

L'essence de l'esprit, c'est ce qu'on appelle le "cœur de l'éveil". Bien qu'elle soit pure, du fait de notre absence de réalisation de ce qu'elle est, cœur de l'éveil et impuretés illusoires sont mêlés. Ce mélange constitue la base de purification, semblable à un tissu blanc maculé de taches. Si le tissu peut redevenir blanc, c'est que la blancheur est sa nature. De même la pureté est la nature de notre esprit et nous pouvons la recouvrer. Un charbon, par contre n'a aucune chance de devenir blanc, car il est originellement noir. Si l'illusion, la dualité et la souffrance étaient la nature de notre esprit, nous n'aurions aucune possibilité de nous en défaire.

L'objet de purification

L'objet de purification est ce qu'on doit éliminer, à savoir les impuretés illusoires, semblables aux taches recouvrant le tissu, mais ne faisant pas partie de sa nature. Ces impuretés n'ont pas de réalité propre, c'est pourquoi on peut s'en débarrasser. Si elles étaient dotées d'une existence en soi, ce serait impossible ; mais elles sont contingentes, de nature illusoire, une simple erreur. Leur racine est la dualité "saisi-saisissant" : à l'extérieur les apparences *saisies* comme objet, à l'intérieur l'esprit *saisissant* en tant que sujet. Cette polarité entraîne la production des émotions conflictuelles (colère-aversion, désir-attachement, aveuglement, jalousie, possessivité, orgueil, etc.) et des apparences illusoires, d'où procèdent à leur tour le karma et la souffrance. C'est donc la dualité, base sur laquelle s'édifie le processus, qui doit être principalement éliminée.

Les objets saisis extérieurement revêtent six aspects, correspondant aux six sens :

- les formes pour la vue,
- les sons pour l'ouïe,
- les odeurs pour l'odorat,
- les saveurs pour le goût,
- les contacts pour le toucher,
- les objets mentaux pour le mental.

Le sujet les saisissant intérieurement se divise de la même manière en six consciences :

- conscience visuelle,
- conscience auditive,
- conscience olfactive,
- conscience gustative,
- conscience tactile,
- conscience mentale.

Telle est la manière dont l'esprit fonctionne dans l'illusion : six objets et six consciences appréhendés comme des réalités séparées, cette séparation étant l'espace dans lequel s'inscrit le jeu des émotions conflictuelles.

Ces six objets et ces six consciences sont pourtant dépourvus d'entité propre. Dans le processus de perception d'une forme, par exemple, bien que nous saisissions comme deux entités indépendantes l'une de l'autre l'objet perçu et l'esprit percevant, nous sommes en fait dans l'erreur. En réalité, la forme, saisie comme objet n'est autre que la manifestation de l'aspect "clarté" de l'esprit, tandis que le moi-sujet n'est autre que l'aspect "vacuité" du même esprit. Dans le mécanisme de l'illusion, on arrive pourtant à la situation de soi-même regardant soi-même comme autre. C'est un peu comme lorsque nous marchons au soleil : notre ombre se détache de nous et nous apparaît comme autre.

L'objet saisi extérieurement et le sujet le saisissant intérieurement ne sont en vérité, jamais séparés : c'est l'absence de dualité. Bien que sujet et objet ne soient pas deux, du fait que nous ne le réalisons pas, soi-même entre en dualité avec soi-même, ce qui entraîne le jeu des émotions conflictuelles et des pensées illusoires.

Ce dont on doit se purifier, c'est donc cette polarité moi-autre.

L'agent purificateur

Pour laver un tissu des taches qui le recouvrent il est nécessaire d'utiliser différents produits : de l'eau, de la lessive ou du savon. De la même manière, pour que s'opère la purification de notre esprit, un agent est nécessaire : c'est le dharma. Toutes ses étapes, tous les aspects qui le composent, toutes les méditations qui y sont enseignées participent à cette unique fonction purificatrice. Que ce soit la prise de refuge, les pratiques préliminaires, la pacification mentale (*chiné*) et la vision supérieure (*lhakthong*), les phases de création et d'achèvement dans les méditations du vajrayana, enfin le mahamoudra, tout concourt au même but.

Par le dharma sont d'abord dissipées les émotions conflictuelles et les pensées illusoires les plus évidentes, puis progressivement, leurs aspects de plus en plus subtils, jusqu'à, finalement, l'élimination du dernier obscurcissement, le voile qui recouvre la connaissance, grâce à l'ultime méditation, celle qui débouche sur l'éveil final : la "contemplation semblable au vajra".

La méditation de Tchènrézi fait bien évidemment partie de ces agents de purification. En particulier, grâce à la pensée "Je suis Tchènrézi" — ce qu'on appelle la "fierté de la divinité" — on se purifie de l'assimilation à un moi ordinaire ; par la méditation du corps de la divinité, de ses ornements, du champ pur, etc, on se purifie des conditionnements produisant les apparences ordinaires.

Ces points seront examinés un peu plus loin, dans les sections "fonction des deux phases" et "les trois caractéristiques de la phase de création". Nous y verrons alors le détail de la fonction purificatrice de Tchènrézi.

Le résultat de purification

Lorsque l'esprit est totalement purifié de la dualité sujet-objet, se révèle le fruit : la réalisation de la vérité non-duelle du mode d'être de l'esprit, dont la nature n'est pas différente des trois corps de l'éveil, corps absolu (dharmakaya), corps de gloire (sambhogakaya) et corps d'émanation (nirmanakaya). Ces trois corps étaient déjà présents au niveau de la base de purification, mais à l'état latent. Au niveau du résultat, ils sont actualisés, révélés dans leur plénitude et dans leur pureté.

Du point de vue de l'éveil il n'y a en fait pas de séparation, aucune notion de production, de différenciation ou de classification. D'un point de vue relatif, on distingue néanmoins les trois modalités apparentes que sont les trois corps :

- Le *dharmakaya* correspond à l'aspect vacuité de l'esprit éveillé ; il est donc dénué de forme, de couleurs, etc. C'est aussi le corps dont on dit qu'il est obtenu pour son propre bien. Par la puissance de la compassion et des souhaits des bouddhas en même temps que par le mérite des êtres, du dharmakaya se manifestent les deux corps formels :

- Le *sambhogakaya* apparaît aux êtres au karma très pur, dans des champs de manifestation différents du nôtre. La transmission du dharma, à ce niveau, ne se fait pas au travers d'enseignements nécessitant la parole et l'écoute, mais, du simple fait que se montre le sambhogakaya, les bodhisattvas qui composent son entourage de disciples comprennent le sens de tout ce qui doit être transmis.

- Le *nirmanakaya* est la manifestation de l'éveil dans les domaines de manifestation ordinaire, pour guider les êtres au karma impur. C'est le cas, par exemple, du Bouddha Shakyamouni, qui vient sur la terre, tourne la roue du dharma, et, par là, fait entrer les êtres sur le chemin de la libération.

En même temps que les deux corps formels accomplissent le bien des êtres, l'esprit de bouddha ne produit pas d'effort, n'engendre pas d'intention et n'éprouve pas de difficulté. C'est une activité totalement spontanée, semblable au rayonnement du soleil, qui résulte des souhaits, de la motivation et du mérite antérieurs.

Bien que les aspects des trois corps diffèrent, leur essence est une. Ce que sont trois aspects en une seule essence, nous pouvons le comprendre par un exemple : la lune dans le ciel est semblable au dharmakaya, ses rayons semblables au sambhogakaya, son reflet sur une surface d'eau semblable au nirmanakaya. La lune, les rayons et le reflet, tout en paraissant différents sont une seule et même essence.

Ainsi, la base de purification c'est notre esprit d'être ordinaire impur, pourtant doté des potentialités de l'éveil ; l'objet de purification ce sont les impuretés contingentes issues de la polarité sujet-objet ; l'agent de purification, c'est le dharma ; le résultat de la purification, c'est la réalisation du mode d'être non-duel, l'actualisation de l'éveil.

L'INITIATION

Toute méditation du vajrayana présuppose, pour être efficace, une initiation, c'est-à-dire un rituel qui en transmet la force spirituelle. Faute d'initiation, la pratique des phases de création et d'achèvement ne peut être accomplie, ou quand bien même elle le serait, elle resterait vaine.

Selon les classes de tantras et selon les divinités, les initiations revêtent des aspects variés, s'inscrivant dans le cadre de rituels plus ou moins complexes et plus ou moins longs. Toutefois, leur principe reste identique.

Le fonctionnement de notre individualité ordinaire est décrit dans le bouddhisme sous différents angles : les cinq éléments, les cinq agrégats, les douze bases de la perception, etc. Ces différents ensembles sont marqués par la dualité, l'illusion et la souffrance. Dans le vajrayana, on considère néanmoins que leur nature ultime est pure et divine, bien que, maintenant, nous ne la réalisions pas. Que se produit-il au cours d'une initiation ? Le maître qui la confère, par les mantras, par les moudras, par les visualisations et par la méditation, impose une force spirituelle, une "grâce", aux éléments, aux agrégats et aux bases de perception, de sorte que leur potentiel divin, pour le moment recouvert par l'ignorance, est éveillé. Cette impulsion initiale permettra ensuite, par la pratique de la divinité correspondante, d'actualiser complètement la réalité divine de notre esprit et de ses expressions.

L'initiation de Tchènrézi, qui ne peut être transmise que par un maître l'ayant reçu lui-même d'une lignée ininterrompue, comprend trois aspects principaux, inclus dans une même cérémonie :

- L'initiation du corps de la divinité est conférée au corps du disciple. Elle habilite à se visualiser soi-même sous la forme de Tchènrézi, ainsi qu'à regarder l'univers comme étant le Champ de Béatitude. Elle permet aussi de méditer l'union de l'apparence et de la vacuité.

- L'initiation de la parole de la divinité est conférée à la parole du disciple. Elle habilite à réciter le mantra OM MANI PADMÉ HOUNG ainsi qu'à considérer tous les sons, qu'ils soient ordinairement perçus comme agréables ou désagréables, comme étant le mantra. Elle permet aussi de méditer l'union de la sonorité et de la vacuité.

- L'initiation de l'esprit de la divinité est conférée à l'esprit du disciple. Elle habilite à méditer en pensant que notre esprit ne fait plus qu'un avec celui de Tchènrézi, nous ouvrant alors au développement de l'amour et de la compassion. Elle permet aussi de méditer l'union de la compassion et de la vacuité.

Les Tibétains récitaient parfois le mantra de Tchènrézi sans avoir reçu l'initiation. Mais ils le faisaient avec une foi et une dévotion acquises dès leur plus petite enfance, tous regardant Tchènrézi comme la divinité tutélaire de leur pays. En marchant, en travaillant, en accomplissant de multiples tâches, ils récitaient le mantra, parfois sans savoir visualiser la divinité. De la même manière, si nous avons confiance en Tchènrézi, nous pouvons réciter son mantra même sans avoir reçu l'initiation et nous en retirerons des bienfaits.

En fait, tant que l'on considère Tchènrézi comme extérieur à soi-même, l'initiation n'est pas indispensable. Mais elle le devient pour se méditer soi-même sous la forme de la divinité, pour véritablement accomplir les phases de création et d'achèvement.

LES DEUX PHASES DE LA MÉDITATION DU VAJRAYANA : CRÉATION ET ACHÈVEMENT

Les méditations du vajrayana se divisent en deux phases, appelées phase de création et phase d'achèvement.

La *phase de création* se réfère à la première partie de la méditation lorsqu'on crée mentalement l'apparence d'une divinité.

La *phase d'achèvement* se réfère à la fin de la méditation lorsque toutes les apparences se résolvent dans la vacuité. On demeure alors dans la nature de l'esprit, qui est en même temps une absence de pensées et une expérience de bonheur.

Quand une vague se forme sur la surface de la mer, elle peut apparaître comme quelque chose d'autre que la mer. Pourtant, lorsqu'elle s'affaisse, elle retombe dans la mer, qui est sa nature même. De la même manière, les phases de création et d'achèvement ne sont pas, en essence, séparées. Comme la vague et la mer, elles participent à la même nature. La phase de création est semblable à la vague qui s'élève, la phase d'achèvement à la vague qui retourne à la mer. Dans les deux cas, c'est le même esprit qui médite. Ce ne sont pas deux réalités différentes. Si l'on ne comprend pas bien cette relation, on aura peut-être l'idée que la phase de création revient à construire une maison et la phase d'achèvement à la détruire.

Pour les débutants, les deux phases ont, il est vrai, un aspect bien distinct : nous accomplissons d'abord la phase de création au cours de laquelle nous visualisons la divinité et récitons le mantra, et, à la fin de celle-ci, nous faisons la phase d'achèvement où toute apparence se résorbe dans la vacuité.

Toutefois, à un stade plus avancé, elles se révèlent indifférenciées. La phase de création part de la vacuité de l'esprit, à partir de laquelle on crée une image. Vous pouvez ainsi évoquer dans votre esprit l'image de la ville de Paris : vous voyez les édifices que vous connaissez, les rues qui vous sont familières. Tout ceci apparaît clairement. En même temps que cette manifestation se produit, elle reste néanmoins vide, dépourvue de toute réalité matérielle, d'entité indépendante. Cette vacuité, c'est la phase d'achèvement. Les deux phases sont présentes simultanément. Les apparences visualisées sont vides ; tout en étant vides, elles se produisent. C'est l'union de la manifestation et de la vacuité.

Lorsque nous visualisons Tchènrézi, nous pouvons voir clairement son visage, ses bras, ses bijoux, les différentes couleurs : c'est la phase de création. En même temps, Tchènrézi est sans existence matérielle : c'est la phase d'achèvement. De la même manière les sons sont simultanément sonorité et vacuité, les pensées sont simultanément conscience et vacuité.

En réalité, chaque pensée qui s'élève dans notre esprit contient en elle-même les deux phases de création et d'achèvement.

Telle est la nature des deux phases. Nous allons voir maintenant comment "fonctionne" la méditation de Tchènrézi, comment elle participe en général à notre cheminement spirituel, quel est ensuite l'apport plus spécifique des deux phases, quelles sont enfin les caractéristiques de la phase de création.

FONCTIONS GÉNÉRALES DE LA MÉDITATION DE TCHÈNRÉZI

La méditation de Tchènrézi n'est pas un aspect fragmentaire du dharma ; elle rassemble tous les aspects de la voie spirituelle. Elle est complète en soi et permet de développer l'ensemble des qualités nécessaires sur le chemin, les six perfections (paramitas) du mahayana :

- La motivation qui nous engage à faire cette méditation est de pouvoir accomplir le bien des êtres : c'est la *paramita du don.*
- Lorsqu'on accomplit la visualisation et la récitation du mantra, on délaisse les activités ordinaires du corps, de la parole et de

l'esprit. La conduite ordinaire, les paroles ordinaires et les pensées ordinaires sont abandonnées : c'est la *paramita de l'éthique*.

- Au cours de la méditation, on supporte l'inconfort que ressentent parfois le corps et l'esprit : c'est la *paramita de la patience*.

- On met en œuvre un certain effort, on s'astreint à la persévérance : c'est la *paramita de la diligence*.

- L'esprit est présent à ce qu'il fait: c'est la *paramita de la concentration*.

- Lorsque le corps de la divinité, le champ pur, les ornements, les syllabes du mantra, sont reconnus comme étant la clarté de l'esprit lui-même, une manifestation de la luminosité de l'esprit en soi : c'est la *paramita de la connaissance transcendante*.

On peut toutefois envisager la fonction de la méditation de Tchènrézi de manière plus détaillée, ceci sous deux angles :

- comprendre d'une part comment elle permet de développer des aspects aussi variés que l'élimination des pensées illusoires, l'accumulation de mérite, la compassion, la dévotion, la pacification mentale, la vision supérieure et le mahamoudra ;

- comprendre d'autre part, comment elle permet que s'opère une purification au niveau le plus profond de nos conditionnements.

Examinons tout d'abord chacun des points énumérés en premier lieu :

- *élimination des pensées illusoires* : d'une part la visualisation des couleurs, des vêtements et des attributs de Tchènrézi permet d'éliminer les pensées ordinaires illusoires, d'autre part, se visualiser soi-même sous la forme de Tchènrézi dissipe l'assimilation au moi illusoire.

- *accumulation de mérite* : dans la méditation, on imagine qu'on envoie des rayons de lumière d'une part "vers le haut", rayons qui vont présenter des offrandes aux bouddhas et bodhisattvas des dix directions, d'autre part "vers le bas", rayons qui se répandent sur les êtres ordinaires et les soulagent de leurs souffrances. Ces visualisations nous permettent, entre autres, d'accumuler du mérite et de nous purifier de nos voiles ;

- *compassion* : on pense aux souffrances des êtres et, par diverses visualisations que nous verrons plus loin, on développe la compassion pour eux ; de plus, la forme même de Tchènrézi, ainsi que son mantra, imprègnent notre esprit de la compassion de tous les bouddhas, car ils en sont l'expression ;

- *dévotion* : les offrandes et les prières qu'on adresse aux bouddhas et aux bodhisattvas permettent d'accroître notre confiance et notre dévotion ;

- *pacification mentale* (tib. *chiné*) : le fait que, pendant la méditation, notre esprit reste posé sans distraction sur le corps de la divinité dans son ensemble, ou bien sur un détail, sur une syllabe visualisée ou encore sur le son du mantra, permet de développer la pacification mentale ; de plus, la variété des objets sur lesquels l'esprit peut méditer successivement empêche qu'on se lasse et facilite la progression dans la méditation ;

- *vision supérieure* (tib. *lhakthong*) : lorsque le corps de Tchènrézi apparaît clairement dans notre esprit, il reste néanmoins dépourvu d'entité propre et de réalité matérielle, semblable au reflet de la lune sur l'eau ou bien à une image dans un miroir ; il est le rayonnement lumineux du Tchènrézi ultime, qui est aussi la nature ultime de notre esprit ; reconnaître cette nature vide de l'apparence, c'est la vision supérieure.

- *mahamoudra* : la divinité est donc apparence-vacuité ; mais elle n'est pas apparence d'une part et vacuité d'autre part, tantôt apparence ou tantôt vacuité. Tout en étant apparence elle ne perd pas sa vacuité, tout en étant vide elle ne perd pas son apparence. C'est l'union de l'apparence et de la vacuité, non pas au sens de deux choses accolées, mais au sens de deux choses formant une seule réalité indissociable. Demeurer sans distraction dans cet état d'union, c'est la simultanéité de la pacification mentale et de la vision supérieure. C'est encore ce qu'on appelle le mahamoudra, et dans ce cas plus précis le "mahamoudra du corps de la divinité". Au début on n'expérimente pas vraiment cet état, mais avoir l'idée de ce qu'il est nous permet de l'approcher.

FONCTIONS SPÉCIFIQUES DES DEUX PHASES

Ces différents points suffiraient à eux seuls à nous faire comprendre l'utilité de la méditation de Tchènrézi. Il faut toutefois y ajouter une fonction purificatrice au niveau le plus profond qui s'opère par la grâce, c'est-à-dire l'énergie spirituelle, dont est chargé chaque élément de la méditation.

Les apparences telles que nous les percevons n'ont pas, en réalité, d'existence en soi. Elles sont la production de notre propre esprit, production déformée par les conditionnements issus de notre karma. Ces conditionnements agissent au niveau du "potentiel de conscience" et conduisent à expérimenter la manifestation comme séparée de nous, solide, réelle en soi, et cause d'innombrables souffrances. Un esprit libre de ces conditionnements est un esprit pur, dans lequel se manifestent les apparences pures, dénuées de matérialité, hors de la dualité sujet-objet, sans la marque des émotions conflictuelles et de la souffrance.

La purification doit donc s'opérer au niveau du potentiel de conscience et c'est là qu'agissent les méditations du vajrayana. Les phases de création et d'achèvement visent en effet à supprimer l'ensemble des conditionnements produisant l'existence samsarique, qui se déroule dans la succession de trois séquences : la naissance, la vie, la mort. Depuis des temps sans commencement nous avons eu d'innombrables existences dont chacune a suivi le même schéma : naissance, vie, mort. Les conditionnements imprimés par cette infinie répétition sont extrêmement forts et tendent à recréer sans cesse le même processus dans lequel nous sommes prisonniers de l'illusion.

La méditation des divinités, incluant les deux phases a, dans ce contexte une triple fonction :

- nous purifier des conditionnements amenant à prendre naissance sous une forme ordinaire résultant de la maturation karmique ;

- nous purifier des conditionnements qui produisent les apparences de la vie ordinaire, caractérisées par la saisie d'une entité propre et par la souffrance ;

- nous purifier des conditionnements entraînant la mort ordinaire et actualiser les corps et les sagesses de l'éveil.

Dans ce cadre, chaque aspect de la méditation opère une purification particulière :

- Avant de commencer la visualisation, on pense que tous les phénomènes sous leur forme ordinaire impure se résorbent dans la vacuité ; c'est le symbole de la mort ayant précédé cette vie. Par là nous sommes purifiés, d'une manière générale, des conditionnements à la mort produits dans nos existences passées. C'est aussi un moyen qui prépare l'actualisation du corps absolu (dharmakaya), la nature ultime de l'esprit.

- De la vacuité apparaissent tout d'abord un lotus, un disque de lune et la syllabe germe HRI. Ceci correspond, au moment de la conception dans la matrice, à la réunion des trois éléments qui la caractérisent : le lotus représente l'ovule, le disque de lune le spermatozoïde, la syllabe germe la conscience qui, venant du bardo, se joint aux deux supports matériels. Tous les phénomènes ayant été préalablement purifiés par leur résorption dans la vacuité, ce sont désormais les aspects purs correspondants qui se manifestent. Par là nous sommes purifiés des conditionnements entraînant la conception.

- Puis, la transformation de la syllabe-germe en divinité correspond à la naissance et permet de nous purifier des conditionnements qui en sont la cause. Par là sont aussi amenées à maturité les potentialités du corps d'émanation (nirmanakaya).

- On récite ensuite des louanges adressées à la divinité, on imagine des lumières qui partent du cœur de Tchènrézi et présentent des offrandes aux bouddhas et aux bodhisattvas, on visualise ses attributs, ses vêtements, ses bijoux, le palais céleste dans lequel il demeure et le champ de manifestation pure qui l'entoure. Tout ceci s'applique aux caractéristiques de notre vie ordinaire, depuis la naissance jusqu'à la mort : notre activité, nos relations avec les autres, notre habillement, nos habitudes de décoration, notre habitat, notre environnement. Les visualisations correspondantes permettent d'en purifier les conditionnements et préparent l'actualisation du corps de gloire (sambhogakaya).

- A la fin de la phase de création, le champ pur se résorbe dans le palais céleste, le palais céleste dans la divinité, celle-ci dans la lettre germe qui, ultimement, s'efface dans la vacuité. Cette dissolution symbolise la mort à venir. Elle a les mêmes effets que la disparition des phénomènes qui a précédé la visualisation : purification des conditionnements à la mort, actualisation future du dharmakaya.

Ainsi s'opère une totale purification en même temps que l'émergence des trois corps de l'éveil devient possible. En réalité, notre esprit est dès maintenant et depuis toujours bouddha par nature, mais les différents voiles qui le recouvrent gardent à l'état latent cette nature éveillée, empêchant qu'elle devienne manifeste. Lorsqu'elle le sera, les champs purs et les corps des divinités, qui sont l'expression vraie de la nature ultime de l'esprit, se révéleront aussi.

CARACTÉRISTIQUES DE LA PHASE DE CRÉATION

Revenons maintenant à la phase de création. Pour être complète, elle doit être dotée de trois caractéristiques :

- la clarté de l'apparence,
- le souvenir du sens pur,
- la fierté de la divinité.

La clarté de l'apparence

Les conditionnements karmiques sont la source de la production du monde tel que nous le percevons, autant le monde extérieur que notre propre corps. Ces productions sont semblables à celles du rêve, mais nous avons une perception très solide, très réelle de leur existence. La clarté de l'apparence, autrement dit la clarté de la visualisation, a pour fonction de nous désengager de ce mode de production illusoire et d'éliminer la fixation que nous faisons sur sa réalité. Bien que nous ayons déjà envisagé cette fonction plus haut en tant qu'élément de purification du potentiel de conscience, revoyons-la sous l'angle qui nous concerne ici.

Le monde se présente sous une très grande variété de manifestations : l'univers, l'environnement extérieur, notre habitat, notre corps, nos vêtements ou les bijoux que nous portons, les différentes couleurs, etc. La visualisation prend en compte cette variété et lui fait correspondre une égale variété d'apparences divines :

- l'univers et l'environnement extérieur sont remplacés par la visualisation du Champ de Béatitude, où toutes les apparences sont belles, pures, produisant la joie ;
- à notre habitat ordinaire se substitue la visualisation du "palais inévaluable" de la divinité ;
- tous les êtres et nous-mêmes prenons la forme de Tchènrézi ;
- les vêtements et les bijoux deviennent les joyaux et les soieries que porte Tchènrézi ;
- les couleurs ordinaires sont reprises dans les couleurs de l'ensemble et plus particulièrement dans celles du corps, des ornements et des vêtements de la divinité.

Les apparences divines remplacent ainsi les apparences ordinaires et neutralisent la fixation que nous faisons sur leur réalité.

Néanmoins, les débutants ont souvent du mal à développer cette clarté de l'apparence, plus particulièrement à développer une vision de l'ensemble de la divinité. On peut donc tout d'abord s'exercer à visualiser des aspects partiels : le visage seul, puis chacune des mains, ou le rosaire, le lotus, le joyau, etc. Cette manière de procéder donnera une certaine facilité.

Pour les débutants aussi, il est difficile de voir le Tchènrézi qu'ils visualisent et leur propre esprit comme étant un. En vérité, la visualisation n'existe que dans notre esprit et il n'y a donc pas un sujet qui observe et un objet observé. Nos tendances habituelles nous poussent pourtant, même dans ce cas, à garder la dualité sujet-objet. Ce n'est qu'à partir d'une grande expérience de la méditation et d'une certaine compréhension du mode d'être de l'esprit que la visualisation de la divinité n'est plus teintée par les notions erronées de sujet et d'objet. Temporairement, le méditant débutant peut donc simplement considérer la visualisation comme un objet qu'observe l'esprit et s'appliquer à la rendre claire et stable, ce qui permettra à son esprit de s'apaiser.

Le souvenir du sens pur

La clarté de la visualisation ne doit cependant pas verser dans la perception d'un objet divin qui existerait vraiment, matériellement, même sur un plan plus beau ou plus élevé que le nôtre. La divinité est en même temps apparence et absence de réalité propre, comme une image dans un miroir, ou comme le reflet de la lune dans l'eau. La divinité visualisée n'est pas de la même nature qu'une thangka ou qu'une statue : elle est dépourvue d'existence matérielle et, en même temps, dotée des qualités de l'esprit éveillé. Elle n'est ni matérielle, ni inerte.

La saisie d'une réalité matérielle dans la divinité est neutralisée par le souvenir du sens pur, c'est-à-dire la connaissance que chacun des aspects visualisés exprime les qualités de l'éveil, dans un rapport symbolique. Chaque détail de Tchènrézi a ainsi sa signification :

- la couleur blanche de son corps : il est totalement pur, libre de tout voile ;

- un seul visage : l'essence de tous les phénomènes est une unique saveur ;

- les quatre bras : les "quatre sans mesure" (amour sans mesure, compassion sans mesure, joie sans mesure, équanimité sans mesure) ;

- les deux jambes croisées dans la posture du vajra : il ne demeure pas dans les extrêmes du nirvana pour soi-même et du samsara ; il unit la compassion et la vacuité ;

- le joyau tenu dans les mains jointes au niveau du cœur : il est celui qui accomplit le bien de tous les êtres, satisfait tous leurs besoins ;

- le rosaire dans la main droite : il tire tous les êtres vers la libération ;

- le lotus dans la main gauche : il possède la compassion pour tous les êtres ; de plus, de même qu'un lotus pousse de la vase sans que sa fleur ne soit souillée, de même Tchènrézi œuvre dans le monde sans être entaché par les émotions conflictuelles et les imperfections ;

- le disque de lune derrière son dos : l'amour et la compassion ont atteint en lui leur plénitude ;

- la peau de biche sur son épaule : la bonté légendaire de la biche symbolise l'esprit d'éveil, la pensée tournée vers le bien des êtres ;

- les différents bijoux : la richesse des qualités de son esprit éveillé ;

- les soieries de cinq couleurs : les cinq sagesses.

Dans la visualisation, jointe à la clarté de l'apparence, la compréhension de ce symbolisme permet de se défaire de la perception matérielle de la divinité. Cela ne signifie pas qu'on doive continuellement se réciter la liste de chaque signification pure, mais qu'on en a pris connaissance et qu'on l'a assimilée.

La fierté de la divinité

Les êtres sont liés par une très forte assimilation à leur individualité. L'idée de "moi" se référant à cette individualité est en nous très profondément ancrée. Cette notion de "moi", de "je suis un tel ou un tel" est une sorte d'orgueil au niveau le plus fondamental.

Dans la méditation, on remplace cet orgueil ordinaire par la "fierté de la divinité". On engendre la conviction : "Je suis Tchènrézi".

L'orgueil ordinaire est la base sur laquelle se développent les émotions conflictuelles, les pensées illusoires et, par conséquent, les souffrances. La fierté de la divinité permet d'arrêter ces productions. Lorsque "je suis Tchènrézi", je ne suis plus un tel avec ses désirs, ses aversions, ses projets, etc. Les apparences impures auxquelles nous nous identifions habituellement sont remplacées par les apparences pures que sont le corps de Tchènrézi, son champ de manifestation pur, son mantra, etc.

On peut penser que remplacer une identification (celle à notre individualité ordinaire) par une autre (celle de la divinité) n'est pas un changement significatif. La différence est pourtant très grande : dans le premier cas il y a émotions conflictuelles et souffrances, dans le second il n'y en a pas.

Les trois aspects de la phase de création ont ainsi chacun leur fonction précise :

- la clarté de l'apparence neutralise la production des apparences en mode ordinaire, c'est-à-dire illusoire ;

- le souvenir du sens pur neutralise la saisie d'une existence matérielle dans les apparences pures que sont la divinité et son champ de manifestation ;

- la fierté de la divinité neutralise l'assimilation à un moi ordinaire.

Ces trois points sont importants, mais c'est le troisième dont le développement compte encore plus que les deux premiers. A un niveau profond, la fierté de la divinité permet que le corps de Tchènrézi soit perçu comme l'expression de la clarté de notre propre esprit, comme le rayonnement lumineux de sa nature vide. Sujet et objet, vacuité et apparence deviennent indissociés et l'on demeure dans cette contemplation. Cet état ne pourra bien sûr pas être atteint rapidement. Au début, c'est suffisant de simplement penser : "Je suis Tchènrézi".

APPRENDRE À VISUALISER

Quand on commence à s'exercer dans la phase de création on a souvent bien du mal à former une image globale de la divinité. Nos efforts prennent une tournure morcelée : lorsqu'on visualise le visage, les bras s'estompent ; les bras à leur tour chassent le visage et les jambes évacuent les bras. Il faut cependant garder l'esprit détendu, ne pas se battre contre soi-même et, progressivement, grâce à l'habitude, notre capacité à visualiser s'améliorera.

Il faut éviter d'aborder les choses de manière rigide et trop structurée, d'envisager la visualisation de Tchènrézi comme l'édification du mur d'une maison où chaque brique prend solidement place sur la précédente, où les portes et les fenêtres s'encastrent bien matériellement à leur place. Une bonne méthode est la suivante :

Au début de la méditation, on développe simplement la pensée : "Je suis Tchènrézi" et l'on s'y absorbe. Puis, lorsque d'autres pensées naissent, nous ramenant à l'assimilation à notre personnalité ordinaire, on se sert du support de la visualisation pour reprendre l'idée qu'on est la divinité. Par exemple : "Je suis Tchènrézi, donc mon corps est de couleur blanche", et l'on place son attention sur cette blancheur du corps, ce qui permet de stabiliser l'esprit un certain temps. Lorsque d'autres pensées nous distraient de la couleur blanche, on se rappelle alors, par exemple, ce qu'on tient dans les mains, et ainsi de suite. Lorsque la stabilité de l'esprit sur une partie de la visualisation ne peut plus se maintenir, on passe à une autre : les bras, les jambes, le visage, etc. De la sorte notre esprit s'habitue à une certaine stabilité, sans tension. La visualisation devient quelque chose de facile et d'agréable.

Lorsqu'un petit enfant est assis au milieu d'un grand nombre de jouets, il ne cherche pas à jouer avec tous en même temps. Il en prend un, avec lequel il s'amuse un certain temps, puis, quand il en a assez, en prend un autre, qu'il pose à son tour pour s'occuper avec un troisième, etc. Il a beaucoup de jouets, mais n'est pas inquiet de ne pouvoir jouer avec tous d'un seul coup. Il sait qu'ils sont là, qu'un seul à la fois lui suffit et que, quand il s'en lasse, il peut en prendre un autre. Dans la méditation de Tchènrézi, c'est un peu la même chose : on visualise le visage, ou une main, un ornement, une couleur et, quand notre esprit se lasse, on passe à un autre détail. L'esprit se sent alors très à l'aise, doté d'une certaine liberté de mouvement, libre d'un poids qui dépasserait ses capacités. C'est une très bonne méthode pour apprendre à méditer.

On risque autrement d'aborder la visualisation inquiet et tendu : "Il faut que j'arrive absolument à visualiser sans rien oublier : le corps, la couleur, les attributs ; que les bras restent bien en place en même temps que les jambes, que surtout je ne perde pas le visage lorsque je pense au lotus ou au rosaire..." La tâche va paraître écrasante et l'on sera découragé avant même de commencer !

Supposez qu'on mette devant vous un grand nombre de travaux à accomplir simultanément. Vous ne sauriez guère par où commencer ; entreprenant une chose vous auriez le souci de ne pouvoir faire les autres. Vous penseriez : "Je n'y arriverai jamais, je n'aurai jamais le temps, ce n'est pas possible !" Vous seriez mal à l'aise, ayant la sensation de porter un énorme fardeau sur les épaules. Il ne faut pas approcher la méditation avec ce même poids sur l'esprit.

Lorsque, pendant la visualisation, nous avons une certaine souplesse, une certaine acceptation de ce que nous pouvons faire ou ne pas faire, c'est notre esprit qui pense ainsi. Lorsqu'au contraire nous souhaitons une visualisation parfaite et que, n'y arrivant pas, nous nous révoltons contre nous-mêmes ou nous décourageons, c'est encore notre esprit qui crée ces problèmes. C'est l'esprit qui envisage les choses d'une manière ou d'une autre, crée sa propre facilité ou sa propre difficulté. Il faut être habile à le tourner correctement, savoir méditer détendu et à l'aise, comme le petit enfant qui prend ce qui lui convient pour le temps où cela lui convient. Ce n'est pas pour lui compliqué et il n'a pas d'inquiétude. Dans cette attitude, les pensées qui nous agitent habituellement peuvent vraiment s'apaiser. Si, au contraire, nous nous fixons sur l'idée qu'il ne faut pas oublier ceci et ne pas laisser disparaître cela, nous ne ferons qu'ajouter de nouveaux soucis à nos soucis, de nouvelles tensions à nos tensions : ce n'est pas le but de la méditation.

Tchènrézi "Padmapani"

Méthodes de méditation

La méditation de Tchènrézi comprend quatre parties :

- préliminaires
- phase de création
- phase d'achèvement
- conclusion.

PRÉLIMINAIRES

Le préliminaire à la méditation inclut deux aspects : la prise de refuge, et la génération de l'esprit d'éveil. Les deux sont récités dans une même strophe, que l'on répète trois fois :

Sangyé tcheu tang tso gui tcho namla
Djangtchoub bartou dani khyab sou tchi
Da gui djinso guipeil seunam gui
Drola pèntchir sangyé drouppar cho.

Jusqu'à l'éveil, je prends refuge
En le Bouddha, le dharma et la sangha sublime.
Par le mérite engendré par ma pratique du don et des autres perfections,
Puissé-je réaliser l'éveil pour le bien des êtres.

Les deux premiers vers s'appliquent à la prise de refuge, les deux suivants à la génération de l'esprit d'éveil.

La prise de refuge peut se faire de deux manières : sans visualisation ou avec visualisation.

Dans le premier cas, on pense simplement que tous les bouddhas et bodhisattvas sont en fait continuellement présents et que l'on se place sous leur protection.

Dans le second, la visualisation diffère de celle de "l'arbre du refuge", utilisée en particulier dans les *Pratiques Préliminaires*, où de très nombreuses figures différentes sont imaginées simultanément : lamas, yidams, bouddhas, textes du dharma, membres de la sangha, protecteurs. La méthode utilisée dans la méditation de Tchènrézi est ce qu'on appelle "la tradition du joyau réunissant tous les lieux de refuge". On y visualise uniquement Tchènrézi et l'on se place sous sa protection en pensant qu'il rassemble en sa personne le lama-racine, les lamas de la lignée ainsi que tous les autres lieux de refuge, bouddhas, bodhisattvas, yidams, etc.

Dans les deux cas, on ne prend pas refuge seul, mais on imagine qu'on le fait en même temps que tous les êtres de l'univers, jusqu'à l'éveil.

La génération de l'esprit d'éveil, en second lieu, consiste à donner à notre esprit l'orientation juste, au seuil de la méditation. On pense : "Je fais cette pratique afin de devenir capable de libérer tous les êtres des souffrances du samsara ; lorsque j'aurai atteint l'état de Tchènrézi, j'œuvrerai continuellement pour le bien des êtres, comme lui le fait maintenant".

PHASE DE CRÉATION

La phase de création commence par le développement de la divinité. On visualise qu'au dessus de notre tête, à une hauteur d'une coudée, apparaît un lotus épanoui, puis un disque de lune, sur lequel est posée, verticalement, la syllabe de lumière blanche HRI. Celle-ci produit un rayonnement lumineux qui se propage dans toutes les directions. On imagine que la lumière qui s'élève est une offrande présentée aux bouddhas et aux bodhisattvas, tandis que la lumière qui descend est un flot de compassion qui soulage les souffrances des êtres ordinaires. Puis, la lumière revient vivement dans la syllabe HRI, qui se transforme alors en Tchènrézi, tel qu'il est décrit dans le texte et représenté sur les thangkas.

On récite alors :

Daso khakhyab sèmtchèn gui
Tchitsouk pékar daweil tèng
HRI lè patcho Tchènrézi
Karsèl eussèr nga dèn tro
Dzédzoum toudjé tchèn gui zi
Tcha chi tangpo tèl djar dzé
O nyi chèltrèng pékar nam

La syllabe HRI

Tar tang rintchèn gyèn gui tré
Ridak papeil teuyo seul
Eupamé peil ougyèn tchèn
Chabnyi dordjé kyiltroung chou
Drimé dawar gyabtèn pa
Khyabné kun du ngowor gyour.

Au-dessus de moi et de tous les êtres de l'univers :
Un lotus blanc et un disque de lune.
Sur eux la lettre HRI *d'où apparaît le noble Tchènrézi.*
Son corps clair et blanc émet des rayons de cinq couleurs ;
Il sourit et nous regarde avec compassion.
De ses quatre mains, les deux premières sont jointes,
Des deux autres, la droite tient un rosaire de cristal,
la gauche un lotus blanc.
Soies et joyaux le parent,
Une peau de biche couvre son épaule,
Le Bouddha de Lumière Infinie couronne sa tête.
Il est assis dans la posture adamantine,
Devant un disque de lune immaculée.
Il réunit l'essence de tous les refuges.

Habituellement, on fait la visualisation en même temps qu'on récite le texte. Toutefois, tant qu'on n'a pas une habitude suffisante, on peut ou bien faire la visualisation d'abord et réciter le texte ensuite, ou bien d'abord réciter le texte et faire ensuite la visualisation.

Après quoi, on récite trois fois une courte louange, au cours de laquelle on pense que, en même temps que tous les êtres, on rend hommage aux qualités du corps, de la parole et de l'esprit de Tchènrézi. On récite :

Djowo kyeun gui na gœu kounto kar
Dzo Sangyé gui ou la gyèn
Toudjé tchèngui drola zi
Tchènrézi la tchatsèllo.

Seigneur au corps blanc que n'entache nul défaut,
De votre tête, le parfait Bouddha est l'ornement.
Sur les êtres vous portez un regard compatissant,
Devant vous, Tchènrézi, je m'incline.

On pense ensuite qu'en réponse à cette prière, Tchènrézi émet de tout son corps des rayons de lumière qui se répandent dans toutes les directions et rendent pures toutes les apparences :

- l'univers devient le champ de Béatitude ;
- tous les êtres deviennent Tchènrézi ;
- tous les sons deviennent le mantra de Tchènrézi ;
- toute activité de l'esprit devient l'esprit de Tchènrézi, la conscience primordiale.

Soi-même, on devient en même temps Tchènrézi.

On récite :

Détar tsé tchik seul tab pé
Papeil koulè eussèr treu
Madak lè nang trulché djang
Tchineu Déwatchèn gui ching
Nang tchu kyé dreu lu nga sèm
Tchènrézi wang kou soung touk
Nang dra rik tong yèrmé gyour.

A la suite de cette prière sans distraction,
Le corps du noble Tchènrézi produit de la lumière :
Elle dissipe les apparences karmiques impures et la compréhension erronée.
Le monde extérieur devient le Champ de Béatitude,
Le corps, la parole et l'esprit des êtres
Deviennent le Corps, la Parole et l'Esprit du Seigneur Tchènrézi.
Les apparences, les sons et les cognitions sont unis à la vacuité.

Puis, on récite le mantra.

La récitation du mantra OM MANI PADMÉ HOUNG est accompagnée de différentes visualisations au cours desquelles, généralement, on s'imagine soi-même sous la forme de Tchènrézi. Mais les débutants, s'ils éprouvent des difficultés avec cette méthode, peuvent à la place, visualiser Tchènrézi au-dessus de leur tête, ou bien dans le ciel face à eux.

ཨོཾ་མ་ཎི་པདྨེ་ཧཱུྃ།

Le mantra
OM MANI PADMÉ HOUNG

Nous allons voir ici dix visualisations, qui peuvent être effectuées alternativement, sans qu'il y ait obligation de passer de l'une à l'autre, sans nécessité d'ordre non plus, et sans que cette liste soit exhaustive.

VISUALISATION 1. On se concentre sur l'apparence de Tchènrézi : son corps, en entier ou bien successivement les différents éléments, par exemple le visage, puis les mains, les bras, le diadème, les colliers, les bracelets, le joyau, le lotus, le rosaire, les jambes, etc. De la sorte on pratique la pacification mentale (chiné) en même temps qu'on développe notre capacité de visualiser.

VISUALISATION 2. On visualise que dans le cœur de Tchènrézi se trouve la syllabe HRI, blanche, posée verticalement sur un disque de lune recouvrant le centre d'un lotus à six pétales. On médite en gardant l'esprit posé sur le HRI.

VISUALISATION 3. Prenant pour base la visualisation précédente, on y ajoute les six syllabes du mantra. Elles sont posées verticalement sur les pétales du lotus, font face au HRI qui est au centre, se succèdent de gauche à droite à partir du OM placé devant. Chaque syllabe est dotée d'une couleur propre :

- OM : blanc
- MA : vert
- NI : jaune
- PAD : bleu
- MÉ : rouge
- HOUNG : noir.

On se concentre soit sur l'ensemble, soit sur chaque syllabe successivement.

VISUALISATION 4. Le HRI dans le cœur émet de continuels rayons lumineux qui se transforment en objets, sons et odeurs agréables, ou bien encore prennent l'apparence des symboles ou des substances auspicieuses. On pense que tout ceci est présenté en offrande aux bouddhas et aux bodhisattvas. Puis les bouddhas et bodhisattvas nous envoient en échange leur grâce et leur bénédiction sous la forme de mêmes lumières qui viennent se fondre dans le HRI.

VISUALISATION 5. Du cœur de Tchènrézi est émise une lumière blanche qui va dans les enfers, apaise toutes les souffrances des êtres qui s'y trouvent, donne la fraîcheur à ceux qui brûlent, la chaleur à ceux qui ont froid, transforme les enfers en champ pur.

Puis, la même lumière se répand sur le monde des esprits avides, calme leur faim, étanche leur soif, le change en champ pur.

On pense ainsi que la lumière se propage successivement dans chacun des six mondes du samsara : après les enfers et les esprits avides, les animaux, les humains, les demi-dieux et les dieux sont à leur tour soulagés de toutes leurs souffrances et des émotions conflictuelles qui les causent.

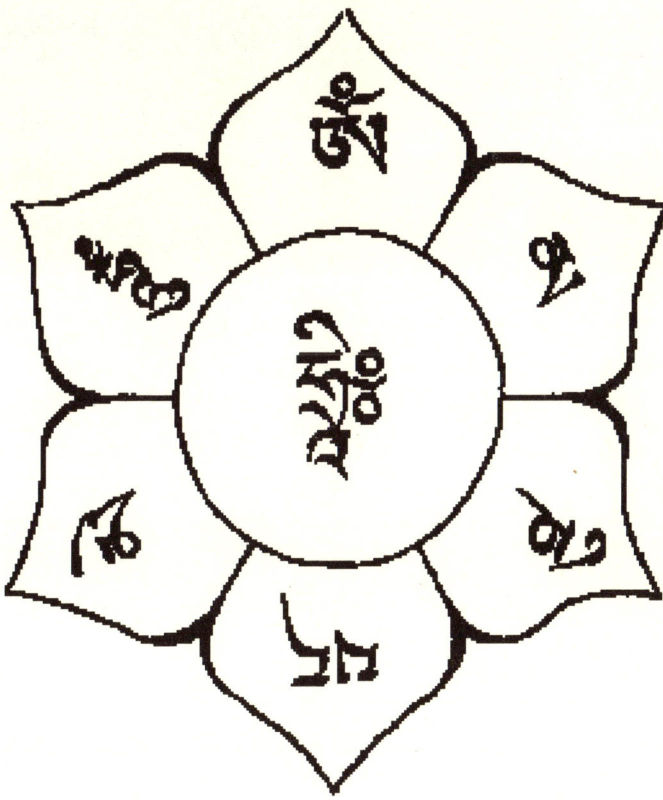

Le mantra posé sur les pétales d'un lotus
(les syllabes représentées ici à plat sont, lors de la visualisation, imaginées comme étant verticales).

VISUALISATION 6. La même que la précédente, mais plus élaborée. On fait partir chaque lumière d'une des syllabes du mantra posé sur les pétales du lotus dans le cœur, les lumières ayant alors les couleurs des syllabes. Les correspondances sont les suivantes :

- OM blanc : monde des dieux
- MA vert : monde des demi-dieux
- NI jaune : monde des humains
- PAD bleu : monde des animaux
- MÉ rouge : monde des esprits avides
- HOUNG noir : monde des enfers.

VISUALISATION 7. Si l'on a une certaine compréhension de la vision supérieure (lhakthong), on médite sur le fait que le corps de Tchènrézi est dépourvu d'entité propre. Il est vide en même temps qu'apparence, apparent en même temps que vide, comme un reflet dans un miroir.

VISUALISATION 8. On pratique la pacification mentale (chiné) en prenant pour support le son de la récitation du mantra, sans distraction, dans un état où le son et notre esprit sont indifférenciés. On peut aussi penser que tous les sons extérieurs sont également le mantra de Tchènrézi.

VISUALISATION 9. On médite sur le fait que tous les sons, perçus comme étant le mantra sont sonorité tout en étant vides, vides tout en étant sonorité.

VISUALISATION 10. Lorsqu'on fait la méditation pour un malade ou pour un défunt, on pense que la lumière qui part du cœur de Tchènrézi se répand sur la personne, la soulage de ses souffrances, la purifie de ses fautes et de ses voiles karmiques et la rend heureuse.

Dans ce cas, on peut visualiser Tchènrézi au-dessus de notre tête ou dans l'espace, et imaginer que, à la fin de la méditation, son corps se fond dans celui du malade ou du défunt, de sorte que leurs corps, leurs paroles et leurs esprits deviennent un.

Parmi ces dix visualisations, la première, la seconde, la troisième et la huitième permettent plus particulièrement d'établir chiné ; la septième et la neuvième de pratiquer lhakthong ; la quatrième de développer la dévotion ; la cinquième, la sixième et la dixième sont en rapport plus direct avec la compassion.

La phase de création n'a pas de durée fixe : on la continue autant qu'on le peut ou autant qu'on le veut. On peut y réciter cent, mille, dix mille mantras ou davantage.

PHASE D'ACHÈVEMENT.

Lorsqu'on a récité le nombre de mantras souhaité, on passe à la phase d'achèvement, qui commence par une résorption progressive de tous les éléments de la phase de création, jusqu'à la vacuité :

- le Champ de Béatitude se fond dans les êtres visualisés sous la forme de Tchènrézi ;
- ces différents Tchènrézi se résorbent les uns dans les autres pour finalement se fondre dans le Tchènrézi que nous sommes ;

- celui-ci se résorbe simultanément de la tête au cœur et des pieds au cœur dans le mantra ;

- le mantra se fond dans le HRI ;

- les différents éléments du HRI se résorbent les uns dans les autres : d'abord les deux points placés à droite dans le *atchoung*, qui constitue la partie inférieure de la syllabe proprement dite ;

- puis de bas en haut, le *atchoung* dans le *rata* ;

- le *rata* dans le HA,

- le HA dans le *guigou* ;

- le *guigou* devient lui-même un *tiglé* (un petit point de lumière blanche) surmonté d'un *nada* (sorte de petite flammèche) ;

- le *tiglé* se résorbe dans le *nada* ;

- le *nada* devient de plus en plus fin et disparaît dans la vacuité.

Si l'on manque de temps, à la place de cette dissolution progressive, on peut imaginer que toutes les apparences de la phase de création disparaissent d'un coup dans la vacuité.

On laisse alors l'esprit au repos, sans visualisation, sans introduire non plus de concepts dans la méditation, du type : “La vacuité de l'esprit, cela doit être ainsi”, ou bien : “Je crois que l'esprit est aussi clarté”, etc. On demeure simplement dans une vigilance sans distraction, sans suivre les pensées qui s'élèvent, sans tenter de les arrêter non plus, sans acceptation ni rejet, sans espoir ni crainte.

On médite de cette manière le temps qu'on veut.

Les étapes de la dissolution du HRI

CONCLUSION

Lorsqu'on arrête la méditation précédente, on pense de nouveau qu'on est soi-même Tchènrézi, que tous les êtres le sont également, que le monde est le Champ de Béatitude, que tous les sons sont le mantra, etc. Mais c'est alors seulement une pensée, ce n'est pas une visualisation. On récite :

Da chèn lu nang pakpeil kou
Dradra yigué droukpeil yang
Drènto yéshé tchènpeuil long.

Mon corps et celui des autres sont le corps de Tchènrézi,
Les sons émis sont la mélodie des six syllabes,
L'activité mentale est le domaine de la grande sagesse.

On dédie ensuite le mérite de la méditation, en souhaitant qu'il nous serve, pour le bien de tous les êtres, à atteindre le même état que celui de Tchènrézi. On récite :

Guéwa diyi nyourtou da
Tchènrézi ouang droub gyour né
Drowa tchik kyang malupa
Déyi sala gœu par cho.

Par la vertu de cette pratique,
Puissé-je réaliser rapidement le Seigneur Tchènrézi,
Puis établir en cet état
La totalité des êtres.

Enfin, on récite un court souhait pour renaître dans le Champ de Béatitude :

Di tar gomdé guipeil seunam gui
Da tang dala drèlto drowa kun
Mitsang lu di porwar gyour matak
Déwatchèn tou dzu té kyéwar cho
Kyémataktou sa tchou rab dreu né
Trulpé tcho tchour chèn deun djé par cho.

Par le mérite de cette méditation et de cette récitation,
Puissions-nous, moi-même et ceux qui me sont liés,
Dès que nous aurons laissé ce corps impur,
Renaître miraculeusement dans le Champ de Béatitude,
Puis, dès après cette renaissance, parcourir les dix terres,
Et, par émanations, faire le bien des êtres dans les dix directions.

Ainsi se termine la version brève de la méditation de Tchènrézi. On peut y inclure un certain nombre d'autres prières, mais l'essentiel est contenu dans ce court texte.

La pratique dans la vie

La pratique, pour être complète, ne doit pas se limiter aux sessions de méditation, mais se poursuivre dans toutes les activités de la vie, autant le jour que la nuit. Nous verrons successivement cinq aspects de cette continuité de la méditation :

- laisser les apparences auto-libérées,
- laisser les six groupes sensoriels auto-libérés,
- laisser les circonstances auto-libérées,
- la pratique du sommeil,
- la pratique des repas.

LAISSER LES APPARENCES AUTO-LIBÉRÉES

Les apparences se présentent sous deux aspects :

- les apparences extérieures, à savoir les formes, les sons, les odeurs, etc.

- les apparences intérieures : c'est-à-dire les pensées, les produits de notre réflexion et de notre imagination.

Nous accordons à l'heure actuelle aux unes comme aux autres une réalité intrinsèque. Nous les percevons comme des objets dotés d'une entité propre, qualité que nous attribuons aussi au sujet, le "moi". Cette dualité sujet-objet fige les apparences, les rend auto-prisonnières, liées par la croyance que nous avons en leur réalité.

Comment se dégager de ces liens ? On laisse les apparences "auto-libérées", ce qui signifie qu'on ne les nie pas, mais qu'on ne les affirme pas non plus : les apparences sont ce qu'elles sont, au-delà de tout concept.

Afin de pouvoir prendre cette position médiane, il faut comprendre, comme il est dit, que "le maître des apparences", c'est l'esprit. Lorsque s'élève une apparence et que nous affirmons sa réalité, c'est-à-dire que nous sommes persuadés de son existence réelle, c'est l'esprit qui pose cette affirmation ; si nous nions sa réalité, c'est l'esprit qui opère cette négation. Les apparences ne s'affirment ni ne se nient elles-mêmes, seul l'esprit intervient pour leur attribuer existence ou non-existence. Si, maintenant, nous nous tournons vers l'essence de l'esprit lui-même, nous ne pouvons rien trouver, nous ne pouvons lui assigner aucune identification ; cette essence est inexprimable, elle est vide.

Lorsque l'esprit ne demeure pas dans son essence, nous pouvons croire que les apparences existent vraiment ou qu'elles sont vraiment dénuées d'existence. Mais l'essence même de celui qui affirme ou qui nie, n'est pas un objet identifiable, une "chose" qu'on peut découvrir. N'ayant aucune existence propre, il est vacuité. Ainsi, on ne tombe pas dans l'éternalisme, qui est la croyance en un esprit en tant qu'entité individuelle, en la réalité d'un égo. Cela ne signifie pas pour autant qu'il n'y aurait que néant, une inexistence totale. Dans cette vacuité même s'élèvent toutes les apparences et toutes les pensées. On ne tombe donc pas non plus dans l'extrême du nihilisme.

Dans cette position libre des deux extrêmes, les apparences sont auto-libérées, libre expression de la vacuité de l'esprit. C'est la "**vue**" de Tchènrézi, le Grand Compatissant.

LAISSER LES SIX GROUPES SENSORIELS AUTO-LIBÉRÉS

Notre relation aux phénomènes s'établit sur la base des "six groupes sensoriels", chaque groupe étant composé d'un organe des sens, de l'objet et de la conscience correspondants. On a ainsi :

- œil, formes, conscience visuelle ;
- oreilles, sons, conscience auditive ;
- nez, odeurs, conscience olfactive ;
- langue, saveur, conscience gustative ;
- peau, contacts, conscience tactile ;
- mental, objets mentaux, conscience mentale.

Bien que, en réalité, il n'y ait pas de dualité entre objets des sens et consciences qui les saisissent, nous établissons une séparation entre sujet et objet. De là naît une classification entre objets (formes, odeurs, saveurs, etc.) bons ou mauvais, agréables ou désagréables, sur laquelle se greffent les notions d'attachement et d'aversion. Si l'on ne reconnaît pas la véritable nature de cet attachement et de cette aversion, les six groupes sensoriels sont auto-prisonniers ; si on les reconnaît, ils sont auto-libérés, leur apparition et leur libération s'opérant simultanément.

Lorsque l'esprit tombe sous l'emprise de l'illusion, l'attachement nous pousse en effet à croire que l'objet perçu est vraiment bon, l'aversion que l'objet perçu est vraiment mauvais, alors que les phénomènes n'affirment aucune qualité par eux-mêmes. En fait, c'est l'esprit seul qui engendre attachement et aversion, attribue les classifications. Une forme, un son, une odeur ou une saveur ne se désignent pas elles-mêmes comme agréables ou désagréables ; seul l'esprit surajoute ces notions à ce qu'il perçoit au travers des sens et crée le jeu de l'attachement et de l'aversion. Puisque cet esprit lui-même est vide et libre en soi, attachement et aversion sont aussi vides et libres en soi. Les six groupes sensoriels, support de ce fonctionnement, sont tout autant vides et auto-libérés. Reconnaître l'essence des six groupes sensoriels suffit ainsi à en assurer l'auto-libération, sans qu'il y ait à agir sur eux.

Laisser les six groupes sensoriels auto-libérés, c'est la **méditation** du Grand Compatissant.

LAISSER LES CIRCONSTANCES AUTO-LIBÉRÉES

Lorsque nous rencontrons des circonstances bonnes ou mauvaises, nous les laissons, de la même manière, auto-libérées.

Les circonstances bonnes sont celles qui produisent notre joie : être en la compagnie d'amis ou de personnes que nous aimons, entretenir des conversations agréables, accomplir toute activité qui nous procure de la joie. Nous nous attachons à cette joie et lui attribuons une réalité.

Lorsque naît la joie, il faut observer l'esprit qui l'éprouve. Il est vide en essence. Dans cette vacuité, les notions d'amis, de paroles ou de sons agréables, etc., n'ont aucune réalité. Les bonnes circonstances sont donc vacuité. Tout ce qui nous apparaît comme bonheur est dénué d'entité propre, auto-libéré en même temps que manifesté.

Lorsqu'au contraire nous sommes confrontés à des circonstances défavorables, que nous sommes en la compagnie de personnes qui ne nous aiment pas, qu'on nous tient des propos désagréables, que nous rencontrons la douleur ou la maladie, si nous regardons l'essence de l'esprit qui éprouve ces souffrances, nous découvrons qu'elle est vide. Dans cette vacuité, les notions d'ennemis, de propos désagréables, de maladies, etc. n'ont aucune réalité. Tout ce qui nous apparaît comme souffrance est dénué d'entité propre, auto-libéré en même temps que manifesté.

Bonheur et souffrance sont en fait la dynamique de l'esprit vide, sans réalité propre et donc sans qu'il soit nécessaire de les rejeter ou de les accepter.

Laisser les circonstances auto-libérées, c'est **l'action** du Grand Compatissant.

Ces trois premiers aspects sont la continuité de la pratique telle que nous devons l'appliquer au cours de la journée.

LA PRATIQUE DU SOMMEIL

La pratique du sommeil concerne d'une part le sommeil profond, sans rêves, d'autre part les rêves, le premier étant en rapport avec la claire lumière, les seconds avec la réalité des apparences.

On fait tout d'abord le souhait de pouvoir prendre conscience des rêves qui s'élèveront dans notre esprit au cours de la nuit à venir.

Puis, avant de dormir, pour préparer la pratique du sommeil profond, on se visualise sous la forme de Tchènrézi et l'on imagine à l'intérieur du front, au niveau de l'entre-sourcils, une petite sphère de lumière blanche sur laquelle on pose son esprit. On s'endort ainsi. Si l'on peut, en s'appuyant sur cette visualisation, s'endormir dans un état sans distraction, dans l'absence de pensées, l'esprit demeurant dans la vacuité, on établit le fondement de la reconnaissance de la claire lumière, tout d'abord lors du sommeil profond, puis au moment de la mort. La claire lumière proprement dite suppose que l'absence de pensées soit accompagnée de conscience ; cependant, même si nous ne l'obtenons pas vraiment, l'absence de pensées et la méditation sur la sphère de lumière blanche favoriseront son émergence à venir. En particulier, au moment de la mort, nous pourrons la reconnaître, à la fin du processus de manifestation-extension-obtention.

La pratique du rêve, en second lieu, peut se faire lorsque, à la suite du souhait que nous en avons fait, il arrive que nous prenions conscience que nous rêvons au cours du rêve même. Il faut alors s'efforcer de comprendre que les apparences oniriques, tout en se manifestant, sont dépourvues d'entité propre, qu'elles ne sont qu'une production de l'esprit, puis demeurer en méditation dans cet état de reconnaissance. De la même manière, nous nous efforçons de reconnaître l'absence de réalité des sensations agréables ou désagréables, des joies ou des souffrances que nous pouvons éprouver durant le rêve. De la sorte se produit l'autolibération des phénomènes oniriques. Ils se poursuivent mais nous ne sommes plus dupes de leur degré de réalité.

Si l'on en a la capacité, on peut aussi, au cours du rêve, se visualiser sous la forme de Tchènrézi et réciter le mantra. Nous pourrons dès lors faire la même méditation pendant le bardo et nous libérer de toutes les apparences du "bardo de la nature en soi".

Lorsqu'on se réveille le matin, si l'on se souvient des rêves de la nuit écoulée, on ne leur accorde pas de signification spéciale : on ne considère pas les beaux rêves comme une chose bonne ou auspicieuse, les rêves désagréables comme une chose mauvaise ou de mauvaise augure. Nous nous rappelons seulement que les rêves ne sont que des manifestations illusoires de l'esprit qui, en essence, est libre de ces qualifications de "bon" ou de "mauvais".

On pense ensuite, qu'en réalité, les apparences de l'état de veille sont de la même nature que celles du rêve. Les phénomènes, tout en apparaissant, n'ont pas d'identité propre ; ils sont vides. D'où procèdent-ils ? Ils viennent de l'esprit, qui lui-même est vide en essence. Nous parlons maintenant des apparences comme étant extérieures et de l'esprit comme étant intérieur ; mais "extérieur" et "intérieur" sont des dénominations trompeuses qui, ultimement, n'ont pas de sens. Lorsque les apparences et l'esprit s'élèvent dans la connaissance pure de la vacuité-clarté, c'est alors **l'esprit** du Grand Compatissant, c'est le Grand Compatissant lui-même.

LA PRATIQUE DES REPAS

Au moment des repas, on pense qu'on est soi-même Tchènrézi et que toute nourriture que l'on prend devient un nectar offert à la divinité. Avant de commencer à manger, on récite :

Djowo kyeun gui ma gœu kounto kar
Dzo sangyé gui ou la gyèn
Toudjé tchèngui drola zi
Tchènrézi la tcheupa bul.

Seigneur au corps blanc que n'entache nul défaut,
De votre tête, le parfait Bouddha est l'ornement.
Sur les êtres vous portez un regard compatissant,
A vous, Tchènrézi, j'offre cette nourriture.

Maîtres du passé

Nous avons vu comment la présence de Tchènrézi dans ce monde pouvait revêtir de multiples formes, sans que celles-ci soient nécessairement identifiées comme étant la divinité. Au Tibet, cependant, on cherchait volontiers à déceler cette présence de manière plus précise, en désignant des "émanations" de Tchènrézi. Le roi Songtsèn Gampo et le lama Gyelsé Tomé sont les plus célèbres d'entre elles.

D'autres maîtres, comme la nonne indienne Guélongma Palmo ou comme Kyergangpa, sont remarquables non comme émanations, mais en raison de la place particulière que Tchènrézi occupa dans leur vie.

Le bref aperçu qui suit de la vie de chacun de ces quatre maîtres est donné par ordre chronologique.

GUÉLONGMA PALMO

De l'Inde ancienne, tout d'abord, la figure de la nonne Guélongma Palmo est restée la plus célèbre, en raison des accomplissements extraordinaires qu'elle obtint par la bénédiction de Tchènrézi.

Le texte intitulé *Mani Khaboum* rapporte que, issue d'une famille royale du nord-ouest de l'Inde, elle désira dès son plus jeune âge renoncer à ses privilèges de princesse et embrasser la vie monastique. Il advint toutefois que, touchée par la lèpre, ayant perdu ses mains et ses pieds, elle fut contrainte de quitter le monastère.

Abandonnée par ses servantes dans un endroit à l'écart des hommes elle demeurait dans un état de grande tristesse. Un rêve lui apporta une certaine consolation. Elle y vit le roi Indrabouthi, qui la bénit et lui dit : "Pratique la méditation de Tchènrézi, et tu pourras obtenir le sublime accomplissement, la réalisation de la nature de l'esprit." Se conformant à cet avis, elle s'appliqua le jour à réciter OM MANI PADMÉ HOUNG, la nuit le long mantra de Tchènrézi. Elle put aussi recevoir des instructions directes du mahasiddha Lion de Gloire, célèbre pour sa réalisation du Grand Compatissant.

Après avoir pratiqué longtemps ainsi, elle commença à ressentir une profonde lassitude. Les directives qui lui manquaient lui furent données une nouvelle fois dans un rêve. Elle y eut cette fois-ci une vision de Manjoushri, qui lui dit : "Rends-toi à Lékar Chinpel et pratique Tchènrézi ; en cinq ans tu obtiendras une réalisation égale à celle de Tara."

Elle alla donc au lieu indiqué par la divinité. Elle y prit l'engagement de ne pas en partir tant qu'elle n'aurait pas obtenu l'accomplissement sublime. Elle continua à y réciter les différents mantras de Tchènrézi, en même temps qu'elle entreprit de jeûner totalement un jour sur deux, s'abstenant d'absorber toute nourriture et tout liquide — ce qu'on appelle la pratique de nyoung-né. Il en résulta une extraordinaire purification : par la grâce de Tchènrézi, elle se trouva totalement guérie, recouvra l'intégrité de ses membres et la santé d'une jeune fille normale ; en même temps, sa méditation progressa considérablement.

A l'âge de vingt-sept ans, elle obtint la première terre de bodhisattva et reçut de Tara une prédiction : "Tu pourras accomplir l'activité des bouddhas des trois temps."

Enfin, après de nombreuses années de méditation et d'ascèse, un jour de pleine lune du troisième mois tibétain (sagadawa), Tchènrézi à onze visages lui apparut, son corps contenant toutes les divinités des quatre classes de tantras, les pores de sa peau rayonnant d'innombrables champs purs. Guélongma Palmo, émerveillée, dit néanmoins à la divinité : "Noble Tchènrézi, pendant tant de temps et me donnant tant de peine, j'ai fait votre pratique, pourquoi avoir tellement tardé à venir à moi ?"

- A partir du tout premier moment où tu as commencé à méditer sur moi, répondit Tchènrézi, je n'ai jamais été séparé de toi. J'étais continuellement avec toi, mais en raison des voiles karmiques qui recouvraient encore ton esprit, tu ne pouvais pas me voir.

Tchènrézi lui conféra alors sa grâce, lui donna de nouvelles instructions et elle obtint toutes les qualités de la dixième terre de bodhisattva, devenant semblable au Grand Compatissant lui-même.

La mémoire de Guélongma Palmo est restée très présente au

Tibet, en particulier par la pratique de *nyoung-né,* à laquelle elle est associée, et que beaucoup de gens accomplissent encore de nos jours.

SONGTSÈN GAMPO

Au Tibet, la première personne à être regardée comme une émanation de Tchènrézi est le roi Songtsèn Gampo, qui régna sur le pays des neiges dans la première moitié du septième siècle de notre ère. Sa grandeur réside principalement dans le fait qu'il introduisit le bouddhisme dans son pays.

Le *Mani Khaboum* relate que son incarnation manifesta la volonté de Tchènrézi de venir sous la forme d'un puissant monarque afin de guider le peuple tibétain dont il avait perçu la maturité par son œil divin.

Il est dit qu'au moment de sa conception, il entra dans le ventre de sa mère sous la forme d'un rayon de soleil. Tous les bouddhas et bodhisattvas surent alors que Tchènrézi s'émanait sur terre en faveur des Tibétains. La même nuit, la reine sa mère vit en rêve que son corps émettait des rayons de lumière se propageant dans toutes les directions en même temps que des dieux et des déesses présentaient des offrandes ; elle vit aussi le soleil et la lune se placer en ombrelles pour l'abriter et de multiples fleurs former pour elle un tapis. Elle eut aussi une expérience de clarté non-conceptuelle.

Lorsque l'enfant vint au jour, tous virent les signes merveilleux dont il était marqué : en particulier, son crâne était surmonté d'une petite tête du bouddha Amitabha. Par la suite,

Le roi Songtsèn Gampo
entouré de ses deux épouses, népalaise et chinoise.

l'iconographie traditionnelle représentera toujours le roi coiffé d'un haut chapeau, dont la fonction était de cacher cette tête.

Telles furent donc la conception et la naissance de celui qui, bien que né dans une famille bœun, allait se convertir au bouddhisme et introduire la compassion et la douceur de cette tradition dans un pays alors réputé pour sa barbarie.

On doit notamment à Songtsèn Gampo, outre son activité proprement politique, d'avoir doté, par l'intermédiaire de son ministre Thœunmi Sambhota, la langue tibétaine d'un alphabet dérivé du sanscrit, d'avoir construit le palais du Potala ainsi que le sanctuaire du Djokhang.

Songtsèn Gampo n'étant autre que Tchènrézi en personne, on comprend mieux le lien privilégié unissant les Tibétains à leur divinité de prédilection.

KYERGANGPA

Kyergangpa, qui vivait au douzième siècle, est un lama de la lignée changpa kagyu, dont il fut le troisième détenteur après Khyoungpo Neljor et Motchokpa. Il avait pour Tchènrézi une dévotion particulière et nous allons voir que son expérience rappelle en partie celle de Guélongma Palmo.

"J'ai maintenant une précieuse existence humaine, pensa-t-il ; je ne dois pas la laisser s'épuiser en vain, mais lui donner tout son sens : il faut qu'elle me permette d'obtenir l'éveil et d'accomplir le bien des êtres. Afin d'atteindre ce but, je prends l'engagement de faire continuellement la pratique de Tchènrézi."

A la suite de cette promesse, il se retira dans un ermitage. Jour et nuit, il fit la méditation de Tchènrézi et récita son mantra.

Après trois ans et demi de retraite, Tchènrézi lui apparut. Kyergangpa lui dit alors :

- Pendant trois ans et demi, je me suis privé de nourriture et de sommeil ; sans interruption, j'ai récité votre mantra et fait votre méditation. Pourquoi n'ai-je pas pu vous voir jusqu'à présent ?

- Deux obstacles t'ont empêché de me voir, répondit Tchènrézi. Le premier, ce sont les voiles karmiques accumulés sur ton esprit depuis des temps sans commencement. La méditation t'en a progressivement débarrassé. Le second était l'espoir que tu avais de me voir. Tu méditais et récitais dans l'attente que je t'apparaisse et dans la crainte de ne pas obtenir ce résultat. Or, espoir et crainte sont deux grands empêchements. En fait, à partir du troisième jour de ta retraite, j'ai été présent dans ton ermitage et nous n'avons plus été séparés un seul instant. Mais ce n'est que maintenant que les deux obstacles ont été dissipés.

GYELSÉ TOMÉ

Contemporain du troisième Karmapa Rangdjoung Dordjé (première moitié du XIVe siècle), Gyelsé Tomé, aussi connu sous le nom de Tomé Zangpo, “le Bon Tomé”, auteur, entre autres, d'un texte célèbre intitulé *Les Trente-sept pratiques des bodhisattvas,* est unanimement regardé par les Tibétains comme une émanation de Tchènrézi, comme étant la présence de la grande compassion parmi les hommes.

Il naquit dans la province du Tsang et l'on dit que sa naissance fut marquée par une pluie de fleurs et par d'autres signes merveilleux.

Dès sa petite enfance, il manifesta naturellement beaucoup d'amour et d'affection pour les humains ainsi que pour les animaux. Comme de nombreux enfants de son âge, il avait pour charge de garder les moutons et les yaks. Son esprit était cependant si préoccupé du dharma, qu'abandonnant un jour le troupeau, il se sauva pour aller étudier auprès d'un lama. Il prit alors les vœux monastiques et reçut le nom de Zangpo Pèl.

Au cours des ans, il étudia les grands sujets de la philosophie bouddhiste, le vinaya, la prajnaparamita et le madhyamika. On dit qu'il prit connaissance de la totalité des textes qui avaient été traduits du sanscrit en tibétain. Son érudition était immense.

Loin de se confiner dans un intellectualisme abstrait, il avait en même temps un constant souci des malades, des mendiants et des pauvres et s'efforçait sans cesse de soulager leurs souffrances. On rapporte que, lorsqu'il prit les vœux de bodhisattva, c'est-à-dire l'engagement d'atteindre l'éveil pour le bien des êtres, la terre trembla et des arcs-en-ciel illuminèrent l'espace.

Il pratiqua ensuite les "six jonctions" de Kalachakra et le lama qui l'instruisit lui révéla que pendant de nombreuses existences il avait eu Tchènrézi comme divinité de méditation principale ; il lui donna plusieurs initiations de Tchènrézi en même temps que de nombreuses instructions sur la pratique.

Chaque jour, il faisait cent prosternations, cent circumambulations d'un stoupa et récitait vingt et une fois la louange de Tara. Il passa vingt années de sa vie en retraite, faisant des nyoung-né, méditant la bodhichitta.

Gyelsé Tomé

Il eut un jour une vision de Tchènrézi à onze visages, qui fit naître en son esprit une profonde réalisation de la vacuité-compassion. Tréwo Tèkdèn, un des grands disciples du troisième Karmapa, lui dit alors : "Tchènrézi, le Grand Compatissant, n'est ni une fresque sur un mur, ni une figure sur une thangka ; Tchènrézi, c'est, telle qu'elle naît dans l'esprit d'un être, la compassion-vacuité s'épanchant sur tous avec la même ardeur que l'amour d'une mère pour son fils unique." S'exprimant ainsi, il se référait en fait à Gyelsé Tomé lui-même, considérant qu'il ne faisait plus qu'un avec le Tchènrézi ultime.

Gyelsé Tomé, en toutes circonstances, ne regardait que ses propres défauts. Il ne parlait jamais de ceux des autres, mais mettait toujours en valeur leurs qualités. La force de l'amour et de la compassion qui l'habitaient était telle que les gens de son voisinage avaient naturellement l'esprit apaisé ; les animaux eux-mêmes perdaient leur peur et leur agressivité. Les fauves, les biches, les oiseaux, les chiens et les chats semblaient avoir oublié leur hostilité mutuelle. Il distribuait tous ses biens aux nécessiteux, ne cherchant pas à préserver quoi que ce soit pour son propre usage. Il donnait ses vêtements ou même le tapis sur lequel il était assis s'il voyait qu'un pauvre en avait besoin.

Plusieurs de ses disciples qui avaient un karma pur virent en lui véritablement Tchènrézi.

Sa biographie présente ceci d'étonnant que si l'on regarde le nombre d'années qu'il passa en retraite, le temps qu'il consacra à l'enseignement et le nombre de textes qu'il composa, chacune de ces activités semble suffisante, à elle seule, pour remplir une vie.

Tous les lamas de son époque eurent pour lui beaucoup de foi et de respect. Il eut d'innombrables disciples.

Ces exemples ne sont que quelques uns parmi les plus célèbres. Au travers de l'histoire du Tibet et de nos jours encore, très nombreux sont les grands maîtres ayant entretenu un lien privilégié avec Tchènrézi.

Conclusion

Dans le cours de ce recueil, nous avons vu les nombreuses fonctions bénéfiques qui sont remplies par la méditation de Tchènrézi.

Citons pour conclure la parole même du Bouddha énonçant les bienfaits du mantra.

> "OM MANI PADMÉ HOUNG est le cœur de la sagesse de tous les bouddhas. C'est la quintessence des cinq familles de bouddhas et des maîtres du secret. Les instructions qu'incarne chacune des six syllabes sont la source de toute qualité et de la béatitude, la racine de tout accomplissement profitable et heureux, le grand chemin vers les existences supérieures et la libération.
>
> "Entendre ne serait-ce qu'une fois les six syllabes de la parfaite parole, le cœur de tout dharma, permettra d'atteindre l'état sans retour, et de devenir le nocher qui libère les êtres. Bien davantage, si un animal, serait-ce une

fourmi, entend ce mantra avant de mourir, il renaîtra, une fois libre de cette existence, dans le Champ de Béatitude. Rappeler en son esprit, une seule fois même, ces six syllabes — comme le soleil fait fondre la neige — ôte toute faute et tout voile des actes néfastes accumulés dans le cycle des existences depuis toute éternité, et conduit à renaître dans le Champ de Béatitude. Toucher même les lettres du mantra, c'est obtenir l'initiation de bouddhas et de bodhisattvas innombrables. Le contempler ne serait-ce qu'une fois rend effectifs l'écoute, la réflexion et la méditation. Les apparences se révèlent être le dharmakaya, et s'ouvre le trésor de l'activité pour le bien des êtres."[1]

1 - Nous reprenons la traduction de ce paragraphe dans le petit recueil *Continuelle Ondée pour le Bien des Etres,* publié aux éditions Yiga Tcheu Dzinn.

· · · SAGIM · · ·

Achevé d'imprimer en juin 1999
sur rotative Variquik par l'imprimerie
SAGIM à Courtry (77)

Imprimé en France

Dépôt légal : juin 1999
N° d'impression : 3643